essentials

essentials liefern aktuelles Wissen in konzentrierter Form. Die Essenz dessen, worauf es als „State-of-the-Art" in der gegenwärtigen Fachdiskussion oder in der Praxis ankommt. *essentials* informieren schnell, unkompliziert und verständlich.

- als Einführung in ein aktuelles Thema aus Ihrem Fachgebiet
- als Einstieg in ein für Sie noch unbekanntes Themenfeld
- als Einblick, um zum Thema mitreden zu können.

Die Bücher in elektronischer und gedruckter Form bringen das Expertenwissen von Springer-Fachautoren kompakt zur Darstellung. Sie sind besonders für die Nutzung als eBook auf Tablet-PCs, eBook-Readern und Smartphones geeignet. *essentials:* Wissensbausteine aus den Wirtschafts-, Sozial- und Geisteswissenschaften, aus Technik und Naturwissenschaften sowie aus Medizin, Psychologie und Gesundheitsberufen. Von renommierten Autoren aller Springer-Verlagsmarken.

Weitere Bände in der Reihe http://www.springer.com/series/13088

Ulf Haakon Dammann

Effizientes Forderungs-management

Von A wie Antrag bis Z wie Zwangsvollstreckung

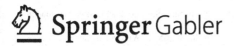
Springer Gabler

Ulf Haakon Dammann
Drage, Deutschland

ISSN 2197-6708 ISSN 2197-6716 (electronic)
essentials
ISBN 978-3-658-30181-1 ISBN 978-3-658-30182-8 (eBook)
https://doi.org/10.1007/978-3-658-30182-8

Die Deutsche Nationalbibliothek verzeichnet diese Publikation in der Deutschen Nationalbiblio-
grafie; detaillierte bibliografische Daten sind im Internet über http://dnb.d-nb.de abrufbar.

Planung/Lektorat: Irene Buttkus
Springer Gabler ist ein Imprint der eingetragenen Gesellschaft Springer Fachmedien Wiesbaden
GmbH und ist ein Teil von Springer Nature.
Die Anschrift der Gesellschaft ist: Abraham-Lincoln-Str. 46, 65189 Wiesbaden, Germany

Was Sie in diesem *essential* finden können

- Basisinformationen über das Wesen eines Vertrages und verschiedene Vertragstypen
- Grundlegende Informationen zu den Themen Forderungsmanagement, Bonitätsprüfung und Vertragsrecht
- Alles Wissenswerte zu gerichtlichen und außergerichtlichen Mahnverfahren sowie zur Zwangsvollstreckung

Inhaltsverzeichnis

Abkürzungsverzeichnis

BAG	Bundesarbeitsgericht
BGB	Bürgerliches Gesetzbuch
BGH	Bundesgerichtshof
BGHZ	Entscheidungen des Bundesgerichtshofes in Zivilsachen (Band und Seite)
ff.	fortfolgende
GG	Grundgesetz
GKG	Gerichtskostengesetz
HGB	Handelsgesetzbuch
InsO	Insolvenzordnung
NJW	Neue Juristische Wochenschrift
NJW-RR	NJW-Rechtsprechungs-Report Zivilrecht
UStG	Umsatzsteuergesetz
ZPO	Zivilprozessordnung

Prolog: pacta sunt servanda – Verträge müssen eingehalten (erfüllt) werden

Sie werden sich sicherlich die Frage stellen, warum eine scheinbare Selbstverständlichkeit hier Erwähnung findet. Der Grundsatz, dass Verträge eingehalten (erfüllt) werden müssen, gehört schließlich zu den unverzichtbaren Grundstrukturen des Vertragsrechts[1]. Dennoch – oder gerade deswegen – soll er hier eine gebührende Würdigung und Erläuterung finden.

Pacta sunt servanda
Die Vertragsparteien können sich nicht durch eine einseitige Erklärung von der Bindung an den abgeschlossenen Vertrag lösen. Zur Aufhebung eines Vertrages bedarf es ebenso wie zum Abschluss des Vertrages grundsätzlich einer Willensübereinstimmung der Parteien[2].

Ein Beispiel soll dies veranschaulichen: Sie unterbreiten einem Kunden ein Angebot, dieser nimmt Ihr Angebot an und es kommt final zum Abschluss eines Kaufvertrages. Sie würden nicht ernsthaft bezweifeln, dass Ihr redlicher Vertragspartner den geschlossenen Kontrakt erfüllt, vorliegend also den geschuldeten Kaufpreis an Sie entrichtet. Haben Sie jedoch schon einmal eine gegenteilige Erfahrung gemacht, so werden Sie diesem Grundsatz kritisch gegenüberstehen.

Wenn ein Kontrakt nicht erfüllt und ein vereinbarter Betrag nicht gezahlt wurde, liegt das sprichwörtliche Kind bereits im Brunnen. Es wird sich in der

---

[1]BAG NJW 2005, S. 1820.
[2]Palandt/Eilenberger, vor § 145 Rdn. 4a.

---

pactum<i>n = die Übereinkunft, der Vertrag esse, sum, fui, futurus = sein servare, servo, servavi, servatus = unversehrt erhalten, bewahren, retten, einhalten

© Springer Fachmedien Wiesbaden GmbH, ein Teil von Springer Nature 2020
U. H. Dammann, *Effizientes Forderungsmanagement,* essentials,
https://doi.org/10.1007/978-3-658-30182-8_1

Folgezeit alles um die entscheidende Frage drehen, ob und wie Sie Ihren Kunden zur Kaufpreiszahlung bewegen können.

Dieses *essential* soll die Problematik anschaulich erläutern und Anregungen geben, wie Sie zunächst vorbeugend einer (mutmaßlichen) mangelnden Zahlungsmoral Ihrer Kunden entgegentreten können. Ergibt sich in der Folgezeit eine tatsächliche Säumnis Ihrer Kunden, so soll das vorliegende *essential* auch für diesen Fall Wege aufzeigen.

Ich möchte an dieser Stelle ausdrücklich darauf hinweisen, dass die Inhalte des vorliegenden Werkes im Streitfall das Aufsuchen eines Rechtsanwaltes nicht entbehrlich machen.

Arbeit im Vorfeld

2

Eine gute und effektive Arbeit vor dem Abschluss eines Vertrages lohnt sich in mehrfacher Hinsicht. Sie spart Zeit, Geld und Nerven.

2.1 Forderungsmanagement

Ein gutes Forderungsmanagement beginnt vor dem Schreiben einer (ersten) Mahnung. Es gilt,

- unseriöse Kunden zu erkennen,
- zahlungsunfähige Kunden abzulehnen und
- alle erbrachten Leistungen genau zu dokumentieren und die Formalien einzuhalten.

2.2 Bonitätsprüfung

Es gibt verschiedene Möglichkeiten, sich über die Zahlungsfähigkeit eines (neuen) Kunden zu informieren.
Beispielhaft sind hier zu nennen

1. **Zahlungsverhalten** kontrollieren (dies bietet sich an, wenn schon eine längere Geschäftsbeziehung mit dem Kunden besteht)
2. **Schuldnerverzeichnis** einsehen, § 882 b Zivilprozessordnung (ZPO)
   Das Schuldnerverzeichnis ist ein öffentliches Register im Sinne des Gesetzes, welches bei jedem Amtsgericht geführt wird, das in diesem Zusammenhang

© Springer Fachmedien Wiesbaden GmbH, ein Teil von Springer Nature 2020
U. H. Dammann, *Effizientes Forderungsmanagement,* essentials,
https://doi.org/10.1007/978-3-658-30182-8_2

auch Vollstreckungsgericht genannt wird. Das Schuldnerverzeichnis ist ein Verzeichnis, welches für jeden einzelnen Amtsgerichtsbezirk in der Bundesrepublik Deutschland selbstständig geführt wird; es wird nicht national geführt.

Über die örtliche Zuständigkeit des Amtsgerichtes entscheidet der Wohnsitz des/der Schuldners/in und bei Unternehmen der Sitz (Eintragung im Handelsregister) der juristischen Person. In das Schuldnerverzeichnis wird jede Person eingetragen, welche vom Gerichtsvollzieher zur Abgabe der eidesstattlichen Versicherung geladen wurde und die eidesstattliche Versicherung abgegeben hat. Eine Internet-Einsichtnahme ist unter https://justiz.de/onlinedienste/vollstreckungsportal/index.php möglich.

§ 882 b Zivilprozessordnung (ZPO)

1. Das zentrale Vollstreckungsgericht nach § 882h Abs. 1 führt ein Verzeichnis (Schuldnerverzeichnis) derjenigen Personen,
   a) deren Eintragung der Gerichtsvollzieher nach Maßgabe des § 882c angeordnet hat;
   b) deren Eintragung die Vollstreckungsbehörde nach Maßgabe des § 284 Abs. 9 der Abgabenordnung angeordnet hat; einer Eintragungsanordnung nach § 284 Abs. 9 der Abgabenordnung steht die Anordnung der Eintragung in das Schuldnerverzeichnis durch eine Vollstreckungsbehörde gleich, die aufgrund einer gleichwertigen Regelung durch Bundesgesetz oder durch Landesgesetz ergangen ist;
   c) deren Eintragung das Insolvenzgericht nach Maßgabe des § 26 Absatz 2 oder des § 303a der Insolvenzordnung angeordnet hat[1].

2. Im Schuldnerverzeichnis werden angegeben:
   a) Name, Vorname und Geburtsname des Schuldners sowie die Firma und deren Nummer des Registerblatts im Handelsregister,
   b) Geburtsdatum und Geburtsort des Schuldners,
   c) Wohnsitze des Schuldners oder Sitz des Schuldners, einschließlich abweichender Personendaten[2].

---

[1] § 882 b Absatz 1 ZPO.
[2] § 882 b Absatz 2 ZPO.

3. Im Schuldnerverzeichnis werden weiter angegeben:
a) Aktenzeichen und Gericht oder Vollstreckungsbehörde der Vollstreckungs-
   sache oder des Insolvenzverfahrens,
b) im Fall des Absatzes 1 Nr. 1 das Datum der Eintragungsanordnung und der
   gemäß § 882c zur Eintragung führende Grund,
c) im Fall des Absatzes 1 Nr. 2 das Datum der Eintragungsanordnung und
   der gemäß § 284 Abs. 9 der Abgabenordnung oder einer gleichwertigen
   Regelung im Sinne von Absatz 1 Nr. 2 Halbsatz 2 zur Eintragung führende
   Grund,
d) im Fall des Absatzes 1 Nr. 3 das Datum der Eintragungsanordnung sowie
   die Feststellung, dass ein Antrag auf Eröffnung des Insolvenzverfahrens
   über das Vermögen des Schuldners mangels Masse gemäß § 26 Absatz 1
   Satz 1 der Insolvenzordnung abgewiesen wurde, oder bei einer Eintragung
   gemäß § 303a der Insolvenzordnung der zur Eintragung führende Grund
   und das Datum der Entscheidung des Insolvenzgerichts[3].

3. **Handelsregister** einsehen, § 9 Absatz 1 Handelsgesetzbuch (HGB)
   Die Einsichtnahme in das Handelsregister sowie in die zum Handelsregister
   eingereichten Dokumente ist jedem zu Informationszwecken gestattet[4].
   Das Handelsregister ist ein öffentliches Register im Sinne des Gesetzes,
   welches bei jedem Amtsgericht elektronisch geführt wird.
   Seit dem 01.01.2007 ist eine Internet-Einsichtnahme unter www.unter-
   nehmensregister.de möglich.
4. **Schufa-Auskunft** einholen
5. gegen einen Forderungsausfall **versichern**
   Der Abschluss einer Kreditversicherung bietet sich bei Aufträgen mit einem
   großen finanziellen Volumen an[5].

---

[3]§ 882 b Absatz 3 ZPO; Zivilprozessordnung vom 18.07.2017 <https://www.gesetze-im-internet.de/zpo/ZPO.pdf> am 10.03.2020.
[4]§ 9 Absatz 1 Satz 1 HGB; Handelsgesetzbuch vom 23.06.2017 <https://www.gesetze-im-internet.de/hgb/HGB.pdf> am 10.03.2020.
[5]Rosche, S. 7 ff.

2.3   Einhalten der Formalien

2.3.1   Gebot der Schriftform

Die Vertragsfreiheit, eines der wichtigsten Grundprinzipien des deutschen Zivil-
rechtes und Ausprägung der Privatautonomie, ist grundrechtlich durch Art. 2
Abs. 1 GG gewährleistet und wird in § 311 Abs. 1 BGB vorausgesetzt. Sie
gestattet es dem Einzelnen, mit jedermann Verträge abzuschließen, die hinsicht-
lich des Vertragsgegenstandes und des Vertragspartners frei bestimmt werden
können, sofern sie nicht gegen gesetzliche Bestimmungen und Wertungen wie
z. B. gegen die guten Sitten verstoßen[6].

Ausgehend von diesem Grundsatz ist zur rechtsgeschäftlichen Begründung
eines Schuldverhältnisses grundsätzlich ein Vertrag erforderlich[7]. Aus Gründen
der Darlegungs- und Beweislast empfiehlt es sich, Verträge, Abreden zu Verträgen
sowie Vereinbarungen grundsätzlich schriftlich festzuhalten. Mündliche Vereinbarungen können beispielsweise in Form von Gesprächsnotizen dokumentiert
werden.

2.3.2   Allgemeine Geschäftsbedingungen beilegen

2.3.2.1 Definition

Allgemeine Geschäftsbedingungen (AGB) sind vertragliche Klauseln, die zur
Standardisierung und Konkretisierung von Massenverträgen dienen. Sie werden
von einer Vertragspartei einseitig gestellt und bedürfen daher einer besonderen
Kontrolle, um ihren Missbrauch zu verhindern[8].

2.3.2.2 Einbeziehung der AGB in den Vertrag

§ 305 BGB

1. Allgemeine Geschäftsbedingungen sind alle für eine Vielzahl von Verträgen
   vorformulierten Vertragsbedingungen, die eine Vertragspartei (Verwender)

---

[6]https://www.haufe.de/recht/weitere-rechtsgebiete/allg-zivilrecht/grundsaetze-der-
vertragsfreiheit_208_116736.html, am 10.03.2020.

[7]Palandt/Grüneberg, vor § 311 Rdn. 2.

[8]http://wirtschaftslexikon.gabler.de/Definition/allgemeine-geschaeftsbedingungen-agb.html.

der anderen Vertragspartei bei Abschluss eines Vertrages stellt. Gleichgültig ist, ob die Bestimmungen einen äußerlich gesonderten Bestandteil des Vertrages bilden oder in die Vertragsurkunde selbst aufgenommen
werden, welchen Umfang sie haben, in welcher Schriftart sie verfasst sind
und welche Form der Vertrag hat. Allgemeine Geschäftsbedingungen liegen
nicht vor, soweit die Vertragsbedingungen zwischen den Vertragsparteien
im Einzelnen ausgehandelt sind[9].

2. Allgemeine Geschäftsbedingungen werden nur dann Bestandteil eines Vertrages, wenn der Verwender bei Vertragsschluss
   a) die andere Vertragspartei ausdrücklich oder, wenn ein ausdrück-
      licher Hinweis wegen der Art des Vertragsschlusses nur unter
      unverhältnismäßigen Schwierigkeiten möglich ist, durch deutlich sicht-
      baren Aushang am Ort des Vertragsschlusses auf sie hinweist und
   b) der anderen Vertragspartei die Möglichkeit verschafft, in zumut-
      barer Weise, die auch eine für den Verwender erkennbare körperliche
      Behinderung der anderen Vertragspartei angemessen berücksichtigt, von
      ihrem Inhalt Kenntnis zu nehmen,
   und wenn die andere Vertragspartei mit ihrer Geltung einverstanden ist[10].

2.3.3 Verjährung von Ansprüchen beachten

2.3.3.1 Definition
Verjährung ist die Entkräftung eines Anspruches durch Zeitablauf.

▶ **Nota bene:**
   Bei der Verjährung bleibt der Anspruch bestehen. Er ist nicht mehr
   durchsetzbar, § 214 Bürgerliches Gesetzbuch (BGB).
   Anders gestaltet sich die Situation bei der Erfüllung gemäß § 362
   Bürgerliches Gesetzbuch (BGB). Hier geht der Anspruch unter.

Das folgende **Beispiel** veranschaulicht die **Verjährung** eines Anspruches:

---

[9]§ 305 Absatz 1 BGB.
[10]§ 305 Absatz 2 BGB; Bürgerliches Gesetzbuch vom 20.07.2017<https://www.gesetze-im-internet.de/bgb/BGB.pdf> am 10.03.2020.

Beispiel

Lucius Anicius (A) und Marcus Bruttius (B) sind seit der Schulzeit eng befreundet.

Am 12.05.2010 verkauft A dem B das Buch *De brevitate vitae* von Lucius Annaeus Seneca zum Preis von 9,90 €. Die Übereignung des Buches von A an B findet am 14.05.2010 statt. A sagt dem B großzügig zu, er könne den Kaufpreis später bezahlen. Die Sache gerät in Vergessenheit. Am Neujahrstag 2014 erinnert sich A an den Verkauf und verlangt von B Kaufpreiszahlung. B beruft sich zu Recht auf Verjährung.

Im Ergebnis besteht der Anspruch des A gegen B auf Kaufpreiszahlung in Höhe von 9,90 € weiter.

A kann den Anspruch jedoch nicht mehr durchsetzen.

Mit anderen Worten: A hat vorliegend Pech gehabt. ◄

Das folgende **Beispiel** veranschaulicht die **Erfüllung** eines Anspruches:

Beispiel

Lucius Anicius (A) und Marcus Bruttius (B) sind seit der Schulzeit eng befreundet.

Am 12.05.2010 verkauft A dem B das Buch *De brevitate vitae* von Lucius Annaeus Seneca zum Preis von 9,90 €. Die Übereignung des Buches von A an B findet am 14.05.2010 statt. Am 20.05.2010 zahlt B den Kaufpreis an A.

Im Ergebnis ist der Anspruch des A gegen B auf Kaufpreiszahlung in Höhe von 9,90 € durch Leistung erloschen.

A kann von B nicht noch einmal Zahlung verlangen. ◄

2.3.3.2 Gegenstand der Verjährung und Fristen

Ein **Beispiel** soll diese Thematik veranschaulichen:

Beispiel

Lucius Anicius (A) und Marcus Bruttius (B) sind seit der Schulzeit eng befreundet.

Am 12.05.2010 verkauft A dem B das Buch *Ars poetica* von Quintus Horatius Flaccus zum Preis von 9,90 €. Die Übereignung des Buches von A an B findet am 14.05.2010 statt.

Der Anspruch auf Kaufpreiszahlung unterliegt der regelmäßigen Verjährungsfrist des § 195 BGB. Diese beträgt drei Jahre.

Nach § 199 Absatz 1 Nr. 1 BGB beginnt die regelmäßige Verjährungsfrist mit dem Schluss des Jahres, in dem der Anspruch entstanden ist. Am
31.12.2010 um 24:00 Uhr ist der Schluss des Jahres.

Nach § 187 Abs. 1 BGB ist das Ereignis maßgebend, so wird bei der
Berechnung der Frist der Tag nicht mitgerechnet, in welchen das Ereignis fällt.
Die Frist beginnt somit am 01.01.2011 um 0.00 Uhr.

Die Frist endet nach § 188 Absatz 2 Alternative 1 BGB mit dem Ablauf
desjenigen Tages der letzten Woche oder des letzten Monats, welcher durch
seine Benennung oder seine Zahl dem Tage entspricht, in den das Ereignis
fällt.

Die Frist endet am 31.12.2013 um 24:00 Uhr. ◄

§ 187 Fristbeginn

1. Ist für den Anfang einer Frist ein Ereignis oder ein in den Lauf eines Tages
   fallender Zeitpunkt maßgebend, so wird bei der Berechnung der Frist der
   Tag nicht mitgerechnet, in welchen das Ereignis oder der Zeitpunkt fällt.

2. Ist der Beginn eines Tages der für den Anfang einer Frist maßgebende Zeitpunkt, so wird dieser Tag bei der Berechnung der Frist mitgerechnet. Das
   Gleiche gilt von dem Tag der Geburt bei der Berechnung des Lebensalters[11].

§ 188 Fristende

1. Eine nach Tagen bestimmte Frist endigt mit dem Ablauf des letzten Tages
   der Frist.

2. Eine Frist, die nach Wochen, nach Monaten oder nach einem mehrere
   Monate umfassenden Zeitraum – Jahr, halbes Jahr, Vierteljahr – bestimmt
   ist, endigt im Falle des § 187 Abs. 1 mit dem Ablauf desjenigen Tages der
   letzten Woche oder des letzten Monats, welcher durch seine Benennung
   oder seine Zahl dem Tage entspricht, in den das Ereignis oder der Zeitpunkt fällt, im Falle des § 187 Abs. 2 mit dem Ablauf desjenigen Tages
   der letzten Woche oder des letzten Monats, welcher dem Tage vorher-

---

[11]Bürgerliches Gesetzbuch vom 20.07.2017 < https://www.gesetze-im-internet.de/bgb/BGB.
pdf > am 10.03.2020.

geht, der durch seine Benennung oder seine Zahl dem Anfangstag der Frist entspricht.

3. Fehlt bei einer nach Monaten bestimmten Frist in dem letzten Monat der für ihren Ablauf maßgebende Tag, so endigt die Frist mit dem Ablauf des letzten Tages dieses Monats.

§ 194 Gegenstand der Verjährung

1. Das Recht, von einem anderen ein Tun oder Unterlassen zu verlangen (Anspruch), unterliegt der Verjährung (…).

§ 195 Regelmäßige Verjährungsfrist
Die regelmäßige Verjährungsfrist beträgt drei Jahre.

§ 199 Beginn der regelmäßigen Verjährungsfrist und Verjährungshöchstfristen

1. Die regelmäßige Verjährungsfrist beginnt, soweit nicht ein anderer Verjährungsbeginn bestimmt ist, mit dem Schluss des Jahres, in dem
   a) der Anspruch entstanden ist und
   b) der Gläubiger von den den Anspruch begründenden Umständen und der Person des Schuldners Kenntnis erlangt oder ohne grobe Fahrlässigkeit erlangen müsste (…)[12].

2.3.4   Ordnungsgemäße Rechnung stellen

Eine weitere Voraussetzung für die Durchsetzbarkeit eines Anspruchs ist eine ordnungsgemäß erstellte Rechnung, § 14 Umsatzsteuergesetz (UStG).

---

[12]Bürgerliches Gesetzbuch vom 20.07.2017<https://www.gesetze-im-internet.de/bgb/BGB.pdf>am 14.11.2018.

Begriff des Vertrages und der Vertragstypen nach dem BGB

3

Das Bürgerliche Gesetzbuch (BGB) enthält Beschreibungen verschiedener Vertragstypen.

3.1 Begriff des Vertrages

Ein Vertrag ist die von zwei oder mehreren Personen erklärte Willensübereinstimmung über die Herbeiführung eines rechtlichen Erfolges. Der Vertrag gehört zu den mehrseitigen Rechtsgeschäften und setzt (mindestens) zwei übereinstimmende Willenserklärungen verschiedener Rechtssubjekte voraus[1].

3.2 Vertragstypen

3.2.1 Kaufvertrag, § 433 BGB

Begriff

Der Kauf ist ein gegenseitiger Vertrag, in dem sich der eine Vertragspartner (Verkäufer) zur Veräußerung eines Vermögensgegenstandes und der andere (Käufer) zur Zahlung einer Geldsumme verpflichtet.

Der Kauf ist ein schuldrechtliches Verpflichtungsgeschäft[2].

---

[1]Palandt/Eilenberger, Einführung vor § 145 Rdn. 1.
[2]Brox/Walker, § 1 Rdn. 2.

© Springer Fachmedien Wiesbaden GmbH, ein Teil von Springer Nature 2020
U. H. Dammann, *Effizientes Forderungsmanagement,* essentials,
https://doi.org/10.1007/978-3-658-30182-8_3

Kaufgegenstand
Kaufgegenstand können Sachen (§ 433 Absatz 1 BGB) und Rechte (§ 453 BGB) sein. Es ist nicht erforderlich, dass der Verkäufer Eigentümer der Sache oder Inhaber des Rechtes ist[3].

3.2.2 Dienstvertrag, § 611 BGB

Begriff
Der Dienstvertrag ist ein gegenseitiger Vertrag, in dem sich der eine Teil (Dienstverpflichteter) zur Leistung der versprochenen Dienste und der andere (Dienstberechtigter) zur Gewährung der vereinbarten Vergütung verpflichten.

Kennzeichnend für den Dienstvertrag ist also die Leistung von Diensten gegen Entgelt[4].

Dienste
Gegenstand des Dienstvertrages können Dienste jeder Art sein. Es ist also gleichgültig, ob es sich um einmalige oder auf Dauer angelegte Tätigkeiten handelt[5].

Arbeitsvertrag
Sind Dienste von gewisser Dauer in persönlicher und wirtschaftlicher Abhängigkeit zum Dienstberechtigten zu erbringen, so handelt es sich um einen **abhängigen Dienstvertrag.** Der Arbeitsvertrag ist mithin ein Unterfall des Dienstvertrages. Seine Parteien heißen Arbeitgeber und Arbeitnehmer[6].

Beispiele
Neben dem Arbeitsvertrag sind hier zu nennen:

- Behandlungsvertrag, § 630a BGB
  - Humanmediziner
  - Zahnmediziner
  - Veterinärmediziner

---

[3]Brox/Walker, § 1 Rdn. 4.
[4]Brox/Walker, § 19 Rdn. 1.
[5]Brox/Walker, § 19 Rdn. 2.
[6]Brox/Walker, § 19 Rdn. 3.

– Heilpraktiker[7]
- Vertrag über ambulante Pflege- und Betreuungsleistungen
- Rechtsanwalt
- Steuerberater
- Wirtschaftsprüfer
- Handelsvertreter

3.2.3 Werkvertrag, § 631 BGB

Begriff
Der Werkvertrag ist ein gegenseitiger Vertrag, in dem sich der eine Teil (Unternehmer) zur Herstellung des versprochenen Werkes und der andere (Besteller) zur Entrichtung der vereinbarten Vergütung verpflichtet[8].

Werk
Kennzeichnend für den Werkvertrag ist die Zusage, ein bestimmtes Werk zu erstellen. Der Unternehmer schuldet einen Arbeitserfolg, für dessen Eintritt er das Risiko zu tragen hat[9].

▶   **Nota bene: Abgrenzung Werkvertrag zum Dienstvertrag.**
       Beim **Werkvertrag** schuldet der Unternehmer einen **konkreten Erfolg** (=das Werk).
       Beim **Dienstvertrag** schuldet der Dienstverpflichtete lediglich einen **Arbeitseinsatz.**

3.2.4 Darlehensvertrag, §§ 488, 607 BGB

Begriff
Aufgrund des Darlehensvertrages überlässt der Darlehensgeber dem Darlehensnehmer Geld (§ 488 Absatz 1 BGB) oder andere vertretbare Sachen (§ 607 Absatz 1 BGB) gegen die Verpflichtung zur Rückzahlung bzw. Rückerstattung.

---

[7]Bundesgerichtshof, Urteil vom 29.01.1991, Az.: VI ZR 206/90.
[8]Brox/Walker, § 23 Rdn. 1.
[9]Brox/Walker, § 23 Rdn. 2.

Regelmäßig verpflichtet sich der Darlehensnehmer auch zur Zahlung eines Zinses[10].

Abgrenzung zum Mietvertrag (§§ 535 ff. BGB) und Leihvertrag (§§ 598 ff. BGB)
Bei diesen Vertragstypen (Darlehens-, Miet- und Leihvertrag) handelt es sich um sogenannte Gebrauchsüberlassungsverträge. Dabei ist der **Leihvertrag** durch die unentgeltliche Überlassung einer Sache auf Zeit gekennzeichnet. Dazu ein **Beispiel:**

Beispiel

Julius Caesius leiht seinem Freund Marcus Caedicius am 02.01.2018 eine Axt für 2 Wochen. ◀

Der **Mietvertrag** ist durch die entgeltliche Überlassung einer Sache auf Zeit gekennzeichnet. Dazu ein **Beispiel:**

Beispiel

Julius Caesius vermietet seinem Freund Marcus Caedicius am 02.01.2018 eine Betonmischmaschine für 2 Wochen zu einem Preis von 150,00 €. ◀

Bei einem Leihvertrag oder bei einem Mietvertrag ist die geliehene oder gemietete Sache selbst am Ende der Vertragslaufzeit zurückzugeben.
Dagegen sind bei einem Darlehensvertrag Sachen gleicher Art, Güte und Menge (§ 607 Absatz 1 BGB) bzw. ein bestimmter Geldbetrag (§ 488 Absatz 1 BGB) – und nicht etwa die erhaltenen Geldstücke oder Geldscheine – zurückzuerstatten bzw. zurückzuzahlen.
Der Darlehensnehmer ist mithin zum Verbrauch der Sache berechtigt. Ihm ist das Eigentum an den dargeliehenen Sachen oder an dem Geld verschafft worden.
Im Gegensatz dazu ist der Entleiher oder der Mieter lediglich zum Gebrauch der Sache berechtigt. Er wird also nur Besitzer[11]. Dazu ein **Beispiel:**

---

[10]Brox/Walker, § 17 Rdn. 1.
[11]Brox/Walker, § 17 Rdn. 3.

Beispiel

Claudia Alfenius (A) möchte für ihre Familie Waffeln backen. Ihr fehlen dazu ein Waffeleisen und 5 Eier. Sie sucht daher ihre Nachbarin Felicitas Fannius (F) auf und bittet diese, ob sie ihr aushelfen kann. F gibt der A das erbetene Waffeleisen und die 5 Eier mit der Bitte um umgehende Rückgabe.

Bezüglich des Waffeleisens liegt ein Leihvertrag vor. Die 5 Eier sind Gegenstand eines Sachdarlehensvertrages. Die Nachbarin muss mithin die 5 Eier ersetzen. ◀

3.2.5 Mietvertrag, § 535 BGB

Der Mietvertrag ist ein gegenseitiger Schuldvertrag, in dem sich der Vermieter verpflichtet, dem Mieter den Gebrauch einer Sache auf Zeit zu gewähren. Der Mieter verpflichtet sich, die vereinbarte Miete zu entrichten.

Zahlung einfordern

4

4.1 Rechnung stellen

Nachdem Sie die vereinbarte Leistung erbracht haben oder das Produkt geliefert haben, stellen Sie dem Kunden eine Rechnung. Auf dieser Rechnung vermerken Sie beispielsweise, bis wann der Betrag fällig ist.

Sie setzen dem Kunden somit eine Frist. Hält der Kunde die Frist nicht ein, so befindet er sich im Schuldnerverzug. Sie können Ihre Ansprüche nun vor Gericht geltend machen[1].

4.2 Rechnung als PDF-Dokument per E-Mail verschicken

Im Zeitalter der digitalen Welt gehen immer mehr Unternehmen dazu über, ihre Rechnungen als PDF-Dokument per E-Mail zu verschicken. Das spart Zeit und Papier sowie Porto. Kurzum: eine schnelle und kostengünstige Alternative zum herkömmlichen Versand der Rechnung per Post.

- Eine Voraussetzung der Rechnungszustellung per E-Mail ist, dass der Kunde dieser Versandart zustimmt.
- Des Weiteren müssen Sie eine digitale Signatur verwenden. Dadurch wird gewährleistet, dass Sie auch tatsächlich der Absender sind und dass das Dokument nicht nachträglich verändert wurde. Für die Ausstellung einer

---

[1]Rosche, S. 15.

© Springer Fachmedien Wiesbaden GmbH, ein Teil von Springer Nature 2020
U. H. Dammann, *Effizientes Forderungsmanagement,* essentials,
https://doi.org/10.1007/978-3-658-30182-8_4

elektronischen Signatur benötigen Sie einen Computer mit einem Chip-kartenleser und eine entsprechende Karte. In vielen Fällen bedeutet das, dass die Unternehmen ihre Computer nachrüsten müssen. Alternativ kann ein IT-Dienstleister mit dem Versand der Rechnungen beauftragt werden[2].

4.3   Fälligkeit der Rechnung

Begriff
Die Fälligkeit eines Anspruches ist der Zeitpunkt, von dem ab der Gläubiger die Leistung fordern kann[3].

Zur Rechnung
Die Fälligkeit einer Rechnung sollte bereits in dem geschlossenen Vertrag oder in Ihren Allgemeinen Geschäftsbedingungen (AGB) festgelegt werden. Es empfiehlt sich regelmäßig, die Fälligkeit des Rechnungsbetrages auf der Rechnung zu ver-merken. Eine Rechnung kann sofort fällig sein. Üblich sind jedoch zehn bis vier-zehn Tage, nachdem der Kunde die Rechnung erhalten hat[4].

4.4   Zugang, § 130 BGB

4.4.1   Begriff der Willenserklärung

Als Kernstück jedes Rechtsgeschäfts ist die Willenserklärung ein privater, äußerlich erkennbarer Willensakt, der unmittelbar auf die Herbeiführung eines von der Rechtsordnung gebilligten Rechtserfolges gerichtet ist[5].

---

[2]Rosche, S. 17.
[3]BGH NJW 2014, Seite 847; Studienkommentar zum BGB, § 271 Rdn. 1.
[4]Rosche, S. 19.
[5]Studienkommentar zum BGB, vor § 116 Rdn. 1.

4.4.2 Zugang

Definition

Der Zugang einer schriftlichen Willenserklärung liegt dann vor, wenn die Erklärung so in den Machtbereich des Empfängers gelangt ist, dass er unter normalen Verhältnissen die **Möglichkeit** hat, von ihr Kenntnis zu nehmen (sog. **Empfangstheorie** des BGH)[6].

▶ **Nota bene:** Auf die tatsächliche Kenntnis kommt es nicht an.

Zum Bereich des Empfängers gehören auch die von ihm zur Entgegennahme von Erklärungen bereitgehaltenen Einrichtungen, wie

- Briefkasten
- Postfach
- E-Mail-Postfach
- Anrufbeantworter
- Fax

Vollendet ist der Zugang erst, wenn die Kenntnisnahme durch den Empfänger möglich und nach der Verkehrsanschauung zu erwarten ist.[7]

4.4.3 Empfang einer Willenserklärung, § 130 BGB

Bei dem **Empfang** einer Willenserklärung im Sinne des § 130 BGB wird wie folgt unterschieden.

4.4.3.1 Empfangsbedürftige Willenserklärung

Zugang unter Abwesenden
Die Erklärung muss in den Machtbereich des Empfängers gelangen (der Machtbereich ist in der Regel der Hausbriefkasten).

---

[6]BGHZ 67, S. 271.
[7]BGH NJW-RR 2011, S. 1185 Tz 15.

Die Kenntnisnahme muss unter normalen Umstanden erfolgen (innerhalb der postüblichen Zustellzeiten).

Beispiel

Julius Caesius aus Hamburg schickt seinem Kunden Publius Bruttius aus München ein Angebot mittels eines Briefes. ◄

Zugang unter Anwesenden
Der Zugang erfolgt mittels optischer oder akustischer Wahrnehmung durch den Empfänger.

Beispiel

Quintus Decius geht in das Antiquariat von Spurius Fadius und erklärt ihm laut und deutlich, dass er das Buch *De bello Gallico 1* von Julius Caesar kaufen möchte. ◄

4.4.3.2 Nicht empfangsbedürftige Willenserklärung
Die Abgabe reicht aus.

Beispiel

Tiberius Gavius errichtet sein Testament. ◄

4.4.4   Wirksamwerden einer Willenserklärung

Das Wirksamwerden einer Willenserklärung tritt mit dem Zugang ein.

Außergerichtliches Mahnverfahren 5

Außenstände belasten die Liquidität des Unternehmens. Sie führen zu Zinsverlusten und verursachen Kosten. Ferner besteht die Gefahr eines Forderungsausfalls. Ziel eines jeden Unternehmers ist es daher, Außenstände möglichst schnell und ohne Verluste zu realisieren. Ein effektives und auf Kundenerhaltung ausgerichtetes Mahnwesen ist folglich unerlässliche Voraussetzung. Reagiert der Schuldner auf eine (schriftliche) Mahnung nicht, ist die Einleitung des gerichtlichen Mahnverfahrens oder der Klage geboten[1].

5.1 Verzug

5.1.1 Begriff

Verzug ist die schuldhafte Nichtleistung trotz Fälligkeit, Möglichkeit und Mahnung.

5.1.2 Schuldnerverzug, § 286 BGB

§ 286 BGB Verzug des Schuldners

1. Leistet der Schuldner auf eine *Mahnung* des Gläubigers nicht, die *nach dem Eintritt der Fälligkeit* erfolgt, so kommt er durch die Mahnung in Verzug.

---

[1]https://www.suedlicher-oberrhein.ihk.de/recht/wirtschaftsrecht/wennderschuldnernichtzahlt-1329916

© Springer Fachmedien Wiesbaden GmbH, ein Teil von Springer Nature 2020
U. H. Dammann, *Effizientes Forderungsmanagement,* essentials,
https://doi.org/10.1007/978-3-658-30182-8_5

Der Mahnung stehen die Erhebung der Klage auf die Leistung sowie die Zustellung eines Mahnbescheides im Mahnverfahren gleich.

2. Der Mahnung bedarf es nicht, wenn
a) für die Leistung eine Zeit nach dem Kalender bestimmt ist,
b) der Leistung ein Ereignis vorauszugehen hat und eine angemessene Zeit für die Leistung in der Weise bestimmt ist, dass sie sich von dem Ereignis an nach dem Kalender berechnen lässt[2],
c) der Schuldner die Leistung ernsthaft und endgültig verweigert,
d) aus besonderen Gründen unter Abwägung der beiderseitigen Interessen der sofortige Eintritt des Verzuges gerechtfertigt ist.

3. Der Schuldner einer Entgeltforderung kommt spätestens in Verzug, wenn er nicht innerhalb von *30 Tagen nach Fälligkeit und Zugang* einer Rechnung oder gleichwertigen Zahlungsaufstellung leistet; dies gilt gegenüber einem Schuldner, der Verbraucher[3] ist, nur, wenn auf diese Folgen in der Rechnung oder Zahlungsaufstellung besonders hingewiesen worden ist[4].

Wenn der Zeitpunkt des Zugangs der Rechnung oder Zahlungsaufstellung unsicher ist[5], kommt der Schuldner, der nicht Verbraucher ist, spätestens 30 Tage nach Fälligkeit und Empfang der Gegenleistung in Verzug.

4. Der Schuldner kommt nicht in Verzug, solange die Leistung infolge eines Umstandes unterbleibt, den er nicht zu vertreten hat[6].

---

[2]Beispiele: Kündigung, Lieferung oder Rechnungslegung. „Fällig drei Monate nach Kündigung". Die Frist muss eine angemessene Länge haben und darf nicht auf null reduziert werden. „Zahlung sofort nach Lieferung".

[3]Verbraucher ist jede natürliche Person, die ein Rechtsgeschäft zu einem Zwecke abschließt, der weder ihrer gewerblichen noch ihrer selbstständigen beruflichen Tätigkeit zugerechnet werden kann, § 13 BGB.

[4]Von einem Verbraucher kann nicht erwartet werden, dass er die 30-Tage-Regel kennt.

[5]Die Regelung soll auch den Fall erfassen, dass unklar bleibt, ob überhaupt eine Rechnung zugegangen ist. Denn auch dann kann von einem unsicheren Zeitpunkt gesprochen werden, Bericht des Rechtsausschusses, Drucksache des Deutschen Bundestages 14/7052, 187.

[6]Diese Vorschrift dient zum Teil auch der Umsetzung der Richtlinie 2000/35/EG des Europäischen Parlaments und des Rates vom 29. Juni 2000 zur Bekämpfung von Zahlungsverzug im Geschäftsverkehr (ABl. EG Nr. L 200 S. 35).

5. Für eine von den Absätzen 1 bis 3 abweichende Vereinbarung über den Eintritt des Verzuges gilt § 271a Absatz 1 bis 5 entsprechend[7].

5.1.3 Voraussetzungen des Schuldnerverzuges

Der Schuldnerverzug nach § 286 BGB hat folgende Voraussetzungen: Der Anspruch muss **fällig** und **durchsetzbar** sein.

5.1.3.1 Fälligkeit
In § 271 Absatz 1 BGB hat der Gesetzgeber geregelt, dass für alle Arten von Verträgen die Leistung sofort fällig ist.

§ 271 BGB Leistungszeit

1. Ist eine Zeit für die Leistung weder bestimmt noch aus den Umständen zu entnehmen, so kann der Gläubiger die Leistung sofort verlangen, der Schuldner sie sofort bewirken.

2. Ist eine Zeit bestimmt, so ist im Zweifel anzunehmen, dass der Gläubiger die Leistung nicht vor dieser Zeit verlangen, der Schuldner aber sie vorher bewirken kann[8].

5.1.3.2 Durchsetzbarkeit
Ein Anspruch ist rechtlich durchsetzbar, wenn die Forderung nach § 271 BGB fällig ist, d. h. der Gläubiger die Leistung verlangen kann.

Grundsätzlich ist ein Anspruch sofort fällig, § 271 Absatz 1 BGB. Durch eine Stundung kann die Fälligkeit hinausgeschoben werden.

Der Anspruch ist trotz Fälligkeit der Leistung nicht durchsetzbar, wenn der Schuldner ein Leistungsverweigerungsrecht geltend machen kann. Ein Leistungsverweigerungsrecht ist das Recht des Schuldners, die Bewirkung seiner Leistung trotz seiner Leistungsverpflichtung zu verweigern. Ein Leistungsverweigerungsrecht besteht beispielsweise nach § 214 BGB, der sogenannten Einrede der

---

[7]Bürgerliches Gesetzbuch vom 20.07.2017 <https://www.gesetze-im-internet.de/bgb/BGB. pdf > am 10.03.2020.
[8]Bürgerliches Gesetzbuch vom 20.07.2017 <https://www.gesetze-im-internet.de/bgb/BGB. pdf > am 10.03.2020.

Verjährung. Anschaulich kann dies wie folgt beschrieben werden: Eine bestimmte Forderung (beispielsweise die Zahlung des Kaufpreises für ein Buch) soll von dem Käufer nicht mehr erfüllt werden, weil eine Frist abgelaufen ist.

Nichtleistung trotz Mahnung
Schließlich leistet der Schuldner trotz einer Mahnung nicht.

Nichtleistung
Der Schuldner darf die Leistung nicht oder nicht rechtzeitig erbracht haben. Ob der Schuldner noch rechtzeitig geleistet hat, hängt vom Inhalt der jeweiligen Leistungspflicht ab (Hol-, Bring- oder Schickschuld, § 269 BGB, oder Geldschuld, § 270 BGB)[9].

Mahnung
Zur Mahnung siehe sogleich unter Abschn. 5.2.

5.2 Mahnung

5.2.1 Begriff der Mahnung

Eine Mahnung ist jede eindeutige und bestimmte Aufforderung, mit der der Gläubiger unzweideutig zum Ausdruck bringt, dass er die geschuldete Leistung verlangt.[10]

5.2.2 Formulierungsbeispiele

Mit welcher Überschrift Sie Ihre eindeutige und bestimmte Aufforderung zur Leistung an Ihren Schuldner versehen (beispielsweise Zahlungserinnerung, Zahlungsaufforderung, 1. Mahnung, 2. Mahnung, letzte Mahnung), ist nicht entscheidend. Wichtig ist, *dass* Sie Ihren Schuldner zur Leistung auffordern.

---

[9]Palandt/Grüneberg, § 286 Rdn. 15.
[10]BGH NJW1998, S. 2132.

Zahlungserinnerung

Rechnung Nr. ... vom ...
Sehr geehrte/r ...,
auf unsere o. a. Rechnung haben wir noch keinen Zahlungseingang feststellen können.
Falls Ihrer Aufmerksamkeit unsere o. a. Rechnung entgangen ist, haben wir Ihnen eine Kopie unserer Rechnung beigefügt.
Wir bitten Sie, die Regulierung nachzuholen, und sehen dem Eingang Ihrer Zahlung entgegen.
Sollten Sie zwischenzeitlich bereits Zahlung geleistet haben, betrachten Sie dieses Schreiben bitte als gegenstandslos.
Mit freundlichen Grüßen[11] ◄

Mahnung

Rechnung Nr. ... vom ...
Sehr geehrte/r ...,
leider haben Sie auf unsere Zahlungserinnerung vom ... nicht reagiert. Wir bitten Sie daher, den überfälligen Betrag in Höhe von ... bis zum ... auf unser Konto zu überweisen.
Sollten Sie zwischenzeitlich bereits Zahlung geleistet haben, betrachten Sie dieses Schreiben bitte als gegenstandslos.
Mit freundlichen Grüßen[12] ◄

Letzte Mahnung

Rechnung Nr. ... vom ...
Sehr geehrte/r ...,
trotz unserer schriftlichen Erinnerungen vom ... und vom ... konnten wir bis zum heutigen Tag keinen Zahlungseingang feststellen.
Zur Zahlung offen sind folgende Beträge:

---

[11]http://www.stuttgart.ihk24.de/recht_und_fair_play/Wirtschaftsrecht/Vertrags-recht/971584/Wenn_der_Schuldner_nicht_zahlt.html.
[12]http://www.stuttgart.ihk24.de/recht_und_fair_play/Wirtschaftsrecht/Vertrags-recht/971584/Wenn_der_Schuldner_nicht_zahlt.html.

Rechnungsbetrag: … Euro

Verzugszinsen (… %): … Euro

Mahnkosten: … Euro

Summe: … Euro

Wir bitten Sie daher letztmalig, den fälligen Betrag bis zum … auf unser Konto einzuzahlen.

Sollte auch dieser Termin ohne Geldeingang auf unserem Konto verstreichen, sehen wir uns gezwungen, ohne erneute Aufforderung gerichtliche Schritte einzuleiten.

Hat sich diese Mahnung mit Ihrer Zahlung überschnitten, bitten wir Sie, dieses Schreiben als gegenstandslos zu betrachten.

Mit freundlichen Grüßen[13] ◄

5.2.3 Entbehrlichkeit der Mahnung

In einigen Fällen sieht der Gesetzgeber den Eintritt eines Schuldnerverzuges auch ohne Mahnung vor. In diesen Fällen ist die Mahnung entbehrlich.

5.2.3.1 Entbehrlichkeit nach § 286 Absatz 2 Nummer 1 BGB

Eine Mahnung ist nach § 286 Absatz 2 Nummer 1 BGB nicht erforderlich, wenn die Leistungszeit nach dem Kalender bestimmt ist („dies interpellat pro homine[14]" – frei übersetzt: „Der Tag mahnt den Menschen"). Hier kann als Leistungszeit ein Kalendertag oder ein Kalenderabschnitt bestimmt werden.

5.2.3.2 Entbehrlichkeit nach § 286 Absatz 2 Nummer 2 BGB

Eine Mahnung ist weiter entbehrlich, wenn die Leistung eine angemessene Zeit nach Eintritt eines bestimmten Ereignisses zu erfolgen hat und die Leistungszeit sich von dem Ereignis an nach dem Kalender berechnen lässt, wie beispielsweise durch die Formulierung „Zahlung zwei Wochen nach Lieferung".

---

[13]http://www.stuttgart.ihk24.de/recht_und_fair_play/Wirtschaftsrecht/Vertragsrecht/971584/ Wenn_der_Schuldner_nicht_zahlt.html.

[14]dies <ei>m und f = der Tag interpellare, interpello, interpellavi, interpellatus =unterbrechen, etwas einwenden, verhindern, stören provor =für, zum Vorteil homo <hominis>m= der Mensch.

5.2.3.3 Entbehrlichkeit nach § 286 Absatz 2 Nummer 3 BGB

Eine Mahnung ist weiter im Falle einer ernsthaften und endgültigen Erfüllungsverweigerung durch den Schuldner entbehrlich. Erforderlich ist hierbei, dass der Schuldner klar und eindeutig zu erkennen gibt, dass er die Leistung nicht erbringen wird. An die Ernsthaftigkeit sind dabei strenge Anforderungen zu stellen, es muss sich um das „letzte Wort" des Schuldners handeln.

5.2.3.4 Entbehrlichkeit nach § 286 Absatz 2 Nummer 4 BGB

Eine Mahnung kann nach § 286 Absatz 2 Nummer 4 BGB aus besonderen Gründen entbehrlich sein. Erforderlich ist hier eine Abwägung der beiderseitigen Interessen der Parteien; der sofortige Verzugseintritt muss hiernach geboten sein.

Erfasst sind hier die Fälle einer besonderen Dringlichkeit der Leistung (beispielsweise bei einem Wasserrohrbruch in einem Geschäft) sowie die Fälle der sogenannten Selbstmahnung (der Schuldner hat die Leistung selbst angekündigt).

5.2.3.5 Sonderregelung des § 286 Absatz 3 BGB

Im Rahmen von Entgeltforderungen kommt der Schuldner nach § 286 Absatz 3 Satz 1 BGB spätestens 30 Tage nach Erhalt einer Zahlungsaufstellung in Verzug; bei Verbrauchern ist nach § 286 Absatz 3 Satz 1 2. Hs ein Hinweis auf diese Rechtsfolge erforderlich.

Zu beachten ist, dass § 286 Absatz 3 nur für Entgeltforderungen (d. h. solche Forderungen, die eine Gegenleistung für eine andere Leistung darstellen) gilt. Zudem kann der Verzugseintritt durch Mahnung auch vor der 30-Tages-Frist eintreten.

Die Regelung des § 286 Absatz 3 ist nicht abschließend („spätestens")[15].

5.3 Verantwortlichkeit während des Verzuges, § 287 BGB

Diese Norm beschränkt die schuldunabhängige Haftung ausdrücklich auf die eigentliche Leistungspflicht[16].

---

[15]https://www.uni-trier.de/fileadmin/fb5/prof/ZIV001/Stemler/UEbersicht_zum_Schuldnerverzug.pdf.

[16]Palandt/Grüneberg, § 287 Rdn. 1.

§ 287 BGB Verantwortlichkeit während des Verzuges

Der Schuldner hat während des Verzuges jede Fahrlässigkeit zu vertreten. Er haftet wegen der Leistung auch für Zufall, es sei denn, dass der Schaden auch bei rechtzeitiger Leistung eingetreten sein würde[17].

5.4 Rechnung

Bei der Erstellung einer Rechnung können Sie bereits im Vorfeld das Ihrerseits Erforderliche tun, um die Weichen für einen reibungslosen Zahlungsablauf zu stellen. Im Folgenden finden Sie beispielhaft eine Formulierung für einen Passus in einer Rechnung mit einer kalendermäßigen Befristung und ohne eine solche.

5.4.1 Mit kalendermäßiger Befristung

Ein Beispiel:

> Bitte überweisen Sie den genannten Betrag in Höhe von **xxx Euro** bis zum **20.02.2020** auf eines unserer unten genannten Konten.

Durch eine derartige Formulierung führen Sie Ihrem Kunden klar vor Augen, dass er bis zum 20.02.2020 leisten muss. Sollten Sie bis zum 20.02.2020 keinen Zahlungseingang verbuchen, so befindet sich Ihr Kunde ab dem 21.02.2020 im Schuldnerverzug.

5.4.2 Ohne kalendermäßige Befristung

> Bitte überweisen Sie den genannten Betrag in Höhe von **xxx Euro** auf eines unserer unten genannten Konten.

---

[17]Bürgerliches Gesetzbuch vom 20.07.2017 <https://www.gesetze-im-internet.de/bgb/BGB.pdf> am 10.03.2020.

Oder

> Bitte überweisen Sie den genannten Betrag in Höhe von **xxx Euro** *umgehend* auf eines unserer unten genannten Konten.

Bedeutungsübersicht des Adjektivs „umgehend" nach dem Duden: sofort, so schnell wie möglich, ohne jede Verzögerung erfolgend[18].

Oder

> Bitte überweisen Sie den genannten Betrag in Höhe von **xxx Euro** *sofort* auf eines unserer unten genannten Konten.

Bedeutungsübersicht des Adverbs „sofort" nach dem Duden:

- unmittelbar nach einem bestimmten Geschehen
- ohne zeitliche Verzögerung; unverzüglich
- innerhalb kürzester Frist[19].

Bei einer solchen oder ähnlichen „offenen" Formulierung räumen Sie Ihrem Kunden ein gewisses Ermessen ein. Ihr Kunde interpretiert die Worte „sofort", „umgehend", „alsbald" u. Ä. zeitlich gesehen möglicherweise anders, als Sie dies tun.

Wenn Sie dann in der Folgezeit nach Rechnungsstellung keinen Zahlungseingang verbuchen, müssen Sie Ihren Kunden aktiv in den Verzug setzen. Dies erfolgt in diesem Fall – wie bereits oben beschrieben – durch eine Mahnung.

Schlussendlich investieren Sie dann zusätzliche Zeit, um an Ihr Geld zu gelangen.

Anmerkung
Selbst wenn das Recht „auf Ihrer Seite" ist, so ist die Durchsetzung eines Anspruches kein „Selbstläufer".

Dies soll anhand eines **Beispieles** verdeutlicht werden.

---

[18]Duden <https://www.duden.de/rechtschreibung/umgehend > am 10.03.2020.

[19]Duden <https://www.duden.de/rechtschreibung/sofort > am 10.03.2020.

Beispiel

Sie stellen Ihrem Kunden eine Rechnung in Höhe von 1.512,98 € zzgl.
19 % MwSt. aus. Die Leistung wurde am 19.02.2019 erbracht, die Rechnung
trägt das Ausstellungsdatum 21.02.2019. Die Rechnung ist Ihrem Kunden
nachweislich am 23.02.2019 zugegangen. Der fällige Rechnungsbetrag ist
zahlbar bis zum 12.03.2019.

In der Folgezeit können Sie keinen Zahlungseingang feststellen. De facto
befindet sich Ihr Kunde seit dem 13.03.2019 im Schuldnerverzug.

Sie können nun das gerichtliche Mahnverfahren oder das Klageverfahren
anstrengen. Es empfiehlt sich jedoch auch in einer derart klaren Situation,
Ihrem Schuldner formell eine Mahnung mit einer kurzen Frist (beispielsweise
eine Woche) zukommen zu lassen.

Sie wissen schlichtweg nicht, welche Richterin oder welcher Richter Ihren
Rechtsstreit einmal zu entscheiden hat und welche Maßstäbe sie oder er
zugrunde legt. Sie könnten sich im schlechtesten Fall dem Vorwurf ausgesetzt
sehen, unverhältnismäßig vorgegangen zu sein. Mit anderen Worten: Sie haben
vorschnell das „ganz große Geschütz" aufgefahren. ◄

5.5   Verzugszinsen und Basiszinssatz sowie der Verzugsschaden

Als Folgen des Zahlungsverzuges kann der Gläubiger von seinem Schuldner Verzugszinsen sowie den Ersatz des Verzögerungsschadens verlangen.

5.5.1 Verzugszinsen, § 288 BGB

Sobald sich Ihr Kunde im Verzug befindet, haben Sie die Möglichkeit, Ihre
Ansprüche vor Gericht geltend zu machen. Zudem ist ihr Schuldner verpflichtet,
für die Schäden aufzukommen, die Ihnen durch den Verzug entstanden sind. Bei
Geldforderungen betrifft dies insbesondere die entgangenen Verzugszinsen.

§ 288 Verzugszinsen und sonstiger Verzugsschaden

1. Eine Geldschuld ist während des Verzuges zu verzinsen. Der Verzugszins-
   satz beträgt für das Jahr fünf Prozentpunkte über dem Basiszinssatz.

2. Bei Rechtsgeschäften, an denen ein Verbraucher nicht beteiligt ist, beträgt der Zinssatz für Entgeltforderungen neun Prozentpunkte über dem Basiszinssatz.

3. Der Gläubiger kann aus einem anderen Rechtsgrund höhere Zinsen verlangen.

4. Die Geltendmachung eines weiteren Schadens ist nicht ausgeschlossen (…)[20].

5.5.2 Basiszinssatz, § 247 BGB

§ 247 Absatz 1 Satz 1 BGB ist bedeutungslos, da sich der Basiszinssatz aufgrund der Anpassungsregelung in Absatz 2 ohne Verkündung im Bundesgesetzblatt im Halbjahresrhythmus ändert[21].

§ 247 BGB Basiszinssatz

1. Der Basiszinssatz beträgt 3,62 Prozent. Er verändert sich zum 1. Januar und 1. Juli eines jeden Jahres um die Prozentpunkte, um welche die Bezugsgröße seit der letzten Veränderung des Basiszinssatzes gestiegen oder gefallen ist. Bezugsgröße ist der Zinssatz für die jüngste Hauptrefinanzierungsoperation der Europäischen Zentralbank vor dem ersten Kalendertag des betreffenden Halbjahres.

2. Die Deutsche Bundesbank gibt den geltenden Basiszinssatz unverzüglich nach den in Absatz 1 Satz 2 genannten Zeitpunkten im Bundesanzeiger bekannt[22].

Die Deutsche Bundesbank teilt in einer Pressenotiz vom 02.01.2020 mit, dass der Basiszinssatz zum 01.01.2020 unverändert −0,88 % beträgt[23].

---

[20]Bürgerliches Gesetzbuch vom 20.07.2017 <https://www.gesetze-im-internet.de/bgb/BGB.pdf> am 10.03.2020.

[21]Palandt/Grüneberg, § 247 Rdn. 1.

[22]Bürgerliches Gesetzbuch vom 20.07.2017 <https://www.gesetze-im-internet.de/bgb/BGB.pdf> am 10.03.2020.

[23]Deutsche Bundesbank <https://www.bundesbank.de/de/presse/pressenotizen/basiszinssatz-821260 > am 10.03.2020.

5.5.2.1 Basiszinssatz für Verbraucher, § 13 BGB

§ 13 BGB Verbraucher

Verbraucher ist jede natürliche Person, die ein Rechtsgeschäft zu Zwecken abschließt, die überwiegend weder ihrer gewerblichen noch ihrer selbstständigen beruflichen Tätigkeit zugerechnet werden können kann[24].

Für das Jahr 2020 gilt mithin Folgendes:
Gegenüber einem Verbraucher: $-0{,}88\ \% + 5\ \% = 4{,}12\ \%$.
Sie können Ihre Forderung gegenüber einem Verbraucher mit 4,12 % per anno verzinsen.

5.5.2.2 Basiszinssatz für Unternehmer, § 14 BGB

§ 14 Unternehmer

1. Unternehmer ist eine natürliche oder juristische Person oder eine rechtsfähige Personengesellschaft, die bei Abschluss eines Rechtsgeschäftes in Ausübung ihrer gewerblichen oder selb[st]ständigen beruflichen Tätigkeit handelt.

2. Eine rechtsfähige Personengesellschaft ist eine Personengesellschaft, die mit der Fähigkeit ausgestattet ist, Rechte zu erwerben und Verbindlichkeiten einzugehen[25].

Für das Jahr 2020 gilt mithin Folgendes:
Ohne Verbraucherbeteiligung: $-0{,}88\ \% + 9\ \% = 8{,}12\ \%$.
Sie können Ihre Forderung gegenüber einem Unternehmer mit 8,12 % per anno verzinsen.

5.5.2.3 Höherer Zinssatz, § 288 Absatz 3 BGB

Sie können gemäß § 288 Absatz 3 BGB aus einem anderen Rechtsgrund höhere Zinsen verlangen, beispielsweise, wenn Sie aufgrund des Zahlungsausfalles

---

[24]Bürgerliches Gesetzbuch vom 20.07.2017 <https://www.gesetze-im-internet.de/bgb/BGB.pdf> am 10.03.2020.
[25]Bürgerliches Gesetzbuch vom 20.07.2017 <https://www.gesetze-im-internet.de/bgb/BGB.pdf > am 10.03.2020.

einen Kontokorrentkredit in Anspruch nehmen mussten, dessen Verzinsung nachweislich über dem Basiszinssatz liegt. In diesem Fall können Sie auch entsprechend höhere Verzugszinsen erheben.

5.5.3 Verzugsschaden, § 280 Absatz 1, Absatz 2 BGB

5.5.3.1 Erklärung

Der Gläubiger kann von seinem Schuldner bei einem Zahlungsverzug Schadensersatz wegen der Verzögerung verlangen, § 280 Absatz 1, Absatz 2 BGB.

§ 280 BGB Schadensersatz wegen Pflichtverletzung

1. Verletzt der Schuldner eine Pflicht aus dem Schuldverhältnis, so kann der Gläubiger Ersatz des hierdurch entstehenden Schadens verlangen. Dies gilt nicht, wenn der Schuldner die Pflichtverletzung nicht zu vertreten hat.

2. Schadensersatz wegen Verzögerung der Leistung kann der Gläubiger nur unter der zusätzlichen Voraussetzung des § 286 verlangen[26].

5.5.3.2 Voraussetzungen

Zu den Voraussetzungen des § 280 Absatz 1 BGB gehören:

- Vorliegen eines Schuldverhältnisses, § 280 Absatz 1 Satz 1 BGB. Ein Schuldverhältnis ist jeder Vertrag[27].
- Pflichtverletzung, § 280 Absatz 1 Satz 1 BGB
  - Definieren der Pflicht
  - Verletzung dieser Pflicht
- Ersatzfähiger Schaden, § 280 Absatz 1 Satz 1 BGB
- Vertretenmüssen, §§ 280 Absatz 1 Satz 2, 276 BGB

---

[26]Bürgerliches Gesetzbuch vom 20.07.2017 <https://www.gesetze-im-internet.de/bgb/BGB. pdf> am 10.03.2020.

[27]Es gibt neben vertraglichen Schuldverhältnissen auch gesetzliche Schuldverhältnisse (Geschäftsführung ohne Auftrag, §§ 677 ff. BGB, ungerechtfertigte Bereicherung, §§ 812 ff. BGB, unerlaubte Handlung, §§ 823 ff. BGB sowie Eigentümer-Besitzer-Verhältnis, §§ 987 ff. BGB).

Gerichtliches Mahnverfahren nach der Zivilprozessordnung (ZPO)

6

6.1 Erklärung

Wenn das außergerichtliche Mahnverfahren keinen Erfolg hat, kann der Gläubiger vor Erhebung einer Klage ein gerichtliches Mahnverfahren (geregelt in den §§ 688 ff. ZPO) einleiten. Das gerichtliche Mahnverfahren ist eine besondere zweistufige Verfahrensart ohne mündliche Verhandlung.

Der Gläubiger kann bei einer **Geldforderung** durch Anstrengung dieses Verfahrens durch einen Antrag schneller, einfacher und kostengünstiger als bei einer Klage einen Vollstreckungstitel gegen den Schuldner erwirken. Bei Erhalt des Vollstreckungstitels kann der Gläubiger die offene Zahlungsforderung beim Schuldner durch den Gerichtsvollzieher vollstrecken lassen[1].

▶ **Nota bene**
Das gerichtliche Mahnverfahren ist dann ein probates Mittel, wenn die Forderung bzw. der Zahlungsanspruch vom Schuldner nicht ernsthaft bestritten wird, dieser aber dennoch nicht zahlt.
Wenn der Schuldner gegen den Mahnbescheid keinen Widerspruch erhebt, kann der Gläubiger den Erlass eines Vollstreckungsbescheides beantragen.

---

[1]https://www.ihk-berlin.de/blob/bihk24/Service-und-Beratung/recht_und_steuern/downloads/2253316/cb923997e438812302fbed342a242316/Merkblatt-Das-aussergerichtliche-und-gerichtliche-Mahnverfahren-data.pdf, am 10.03.2020.

© Springer Fachmedien Wiesbaden GmbH, ein Teil von Springer Nature 2020
U. H. Dammann, *Effizientes Forderungsmanagement,* essentials,
https://doi.org/10.1007/978-3-658-30182-8_6

Erhebt der Schuldner gegen den Vollstreckungsbescheid keinen Einspruch, so kann der Gläubiger aus dem Vollstreckungsbescheid (vollstreckbarer Titel) 30 Jahre lang die Zwangsvollstreckung in das Vermögen des Schuldners betreiben.

Wenn aber mit Sicherheit davon ausgegangen werden kann, dass der Schuldner gegen den Mahnbescheid Widerspruch erhebt, weil der Schuldner Gegenrechte (Einreden und Einwendungen) geltend machen kann, so kann die sofortige Erhebung einer Klage schneller zum Erfolg führen.

6.1.1 Einreden

Eine Einrede ist ein subjektives, selbstständiges Gegenrecht, das dem Berechtigten die Möglichkeit gibt, die Durchsetzung eines Anspruches des Gläubigers zu hindern, ohne diesen zu zerstören.

Eine Einrede findet in einem Prozess nur dann Berücksichtigung, wenn sich der Berechtigte ausdrücklich auf sie beruft.

Einzelne Einreden:

- die Einrede der Verjährung, § 214 Absatz 1 BGB
- die Einrede der Unmöglichkeit, § 275 Absatz 2, Absatz 3 BGB
- die Einrede des Zurückbehaltungsrechtes, § 273 BGB
- die Einrede des nichterfüllten Vertrages, § 320 BGB
- die Einrede der Entreicherung, § 818 Absatz 3 BGB
- die Einrede der Bereicherung, § 821 BGB
- die Arglisteinrede, § 853 BGB
- die dolo-agit-Einrede, § 242 BGB

▶ **dolo agit (facit) qui petit quod statim redditurus est**[2] frei übersetzt: arglistig/böswillig handelt, wer fordert, was sofort zurückgegeben werden muss.

---

[2]dolus <i> m = Betrug, List, Täuschung
agere, ago, egi, actus = treiben
facere, facio, feci, factus = tun, machen
qui, quae, quod relat. = der, die, das; wer, was
petere, peto, petivi, petitus = erstreben, verlangen
statim adv. = auf der Stelle, sofort, sogleich
reddere, reddo, reddidi, redditus = zurückgeben.

6.1.2 Einwendungen

Eine Einwendung ist ein subjektives Recht, die Erfüllung eines Anspruches zu verweigern. Der Anspruch bleibt bestehen. Er wird aber in seiner Durchsetzung gehemmt.

Einzelne **rechtshindernde** (dilatorische[3]) Einwendungen (der Anspruch entsteht erst gar nicht):

- mangelnde Geschäftsfähigkeit, §§ 104 ff. BGB
- Scheingeschäft, § 117 Absatz 1 BGB
- Formnichtigkeit, § 125 BGB
- Verstoß gegen ein gesetzliches Verbot, § 134 BGB
- sittenwidriges Rechtsgeschäft, Wucher, § 138 BGB

Einzelne **rechtsvernichtende** (peremptorische[4]) Einwendungen (ein bereits entstandener Anspruch geht wieder unter):

- Erfüllung, § 362 BGB
- Erlass, § 397 BGB
- Unmöglichkeit, §§ 275 Absatz 1, 326 Absatz 1 BGB
- Wirkung der Anfechtung, § 142 BGB
- auflösende Bedingung, § 158 Absatz 2 BGB
- Störung der Geschäftsgrundlage, § 313 BGB

▶ **Nota bene**
Jeder trägt das Insolvenzrisiko seines Vertragspartners. Dies folgt aus dem Grundsatz der Vertragsfreiheit, der durch Artikel 2 Absatz 1 Grundgesetz geschützt ist und eine Ausprägung des Grundsatzes der Privatautonomie ist. Im Rahmen der Abschlussfreiheit kann sich jeder seinen Vertragspartner frei wählen.
Sollte es Anzeichen für eine bevorstehende Insolvenz des Schuldners geben, ist Eile geboten. Das gerichtliche Mahnverfahren sollte vor Eröffnung des Insolvenzverfahrens beendet sein. Anderenfalls ist der Titel quasi wertlos.

---

[3]dilatio <onis> = Aufschub, Verzögerung.
[4]perimere, perimo, peremi, peremptus = vernichten, zerstören.

6.1.3   Vorteile des gerichtlichen Mahnverfahrens

Das gerichtliche Mahnverfahren

- ist einfacher als eine Klage (formularmäßige Form).
- ist schneller als ein Klageverfahren, weil eine mündliche Verhandlung mit Beweisaufnahme nicht stattfindet.
- ist kostengünstiger als eine Klage, weil die Gerichtskosten und die Anwaltskosten deutlich geringer sind.
- kann ohne fremde Hilfe betrieben werden (erfordert keinen Rechtsanwalt).
- ist nur möglich, wenn es um Geldforderungen geht (z. B. Kaufpreis-, Werklohn- oder Darlehensforderungen); dies aber in unbegrenzter Höhe.

6.1.4   Nachteile des gerichtlichen Mahnverfahrens

Nachteilig ist, dass sich die gesamte Verfahrensdauer verlängert, wenn schließlich doch ein streitiges Urteilsverfahren durchgeführt werden muss. Das ist dann der Fall, wenn der Schuldner Widerspruch oder Einspruch einlegt.

6.1.5   Bezeichnung der Parteien

Die Parteien heißen **Antragsteller** (Gläubiger) und **Antragsgegner** (Schuldner).

6.2   Voraussetzungen

Bestehen einer Forderung Die Forderung (beispielsweise auf Zahlung des Kaufpreises) muss (noch) bestehen.

Zahlungsverzug des Antraggegners Voraussetzung eines erfolgreichen Mahnverfahrens ist, dass sich der Schuldner im Zahlungsverzug befindet.

Zahlungsanspruch des Antragstellers Das Mahnverfahren ist nur zulässig bei fälligen Ansprüchen auf Zahlung einer bestimmten Geldsumme in inländischer Währung.

6.3   Zuständigkeit des Gerichtes

Ausschließliche Zuständigkeit des Amtsgerichtes Die Durchführung des Mahnverfahrens liegt in der ausschließlichen sachlichen Zuständigkeit des Amtsgerichtes.

Streitwertunabhängig Auf die Höhe des Streitwertes kommt es nicht an.

Amtsgericht am Sitz des Antragstellers, § 689 ZPO Sachlich und örtlich zuständig ist das Amtsgericht am Wohnsitz/Geschäftssitz des Antragstellers. Dies gilt auch für sich im Ausland befindliche Antragsgegner, wenn die internationale Zuständigkeit für Deutschland gegeben ist.

6.4   Der Mahnantrag, § 690 ZPO

6.4.1   Schriftlicher Mahnantrag

Der Erlass eines Mahnbescheides kann nur mit dem offiziellen Formular beantragt werden. Der Antrag kann zugleich den Antrag auf Durchführung eines Streitverfahrens für den Fall des Widerspruches durch den Schuldner enthalten.

Beide Angaben stehen bereits vorgedruckt im Antragsformular, das im Schreibwarenfachhandel (nicht beim Amtsgericht!) erhältlich ist. Der Antragsteller hat den Geldbetrag, getrennt nach Haupt- und Nebenforderung, und den Anspruchsgrund (z. B. Kaufpreis) anzugeben. Die Forderung ist nicht zu begründen. Ferner muss der Antrag die Bezeichnung der Parteien, gegebenenfalls des gesetzlichen Vertreters oder des bestellten Prozessbevollmächtigten, enthalten.

Neben dem Mahngericht muss zusätzlich das Gericht benannt werden, das für ein streitiges Verfahren örtlich und sachlich zuständig ist.

Schließlich muss der Mahnantrag handschriftlich unterzeichnet sein. Die Unterschrift des Antragstellers selbst ist entbehrlich, wenn gewährleistet ist, dass der Antrag von einer besonders bevollmächtigten Person gestellt wird. Im automatisierten gerichtlichen Mahnverfahren (AGM) werden alle Vordrucke eingescannt und die enthaltenen Angaben maschinell gelesen.

6.4.2   Online-Mahnantrag

Anträge auf Erstellung eines Mahnbescheides können auch im Internet ausgefüllt werden. Die Angaben der Antragsteller werden hierbei bereits bei der Eingabe umfangreichen Plausibilitätskontrollen unterzogen. Außerdem werden zahlreiche Hilfefunktionen angeboten.

Der ausgefüllte Antrag kann auf ein Antragsformular ausgedruckt und dann an das zuständige Amtsgericht geschickt werden. Das Portal „Online-Mahnantrag" finden Sie unter dem Link: https://www.online-mahnantrag.de.

Auswahl des Bundeslandes

Nach dem Aufruf der Startseite wählen Sie in der Drop-down-Liste Ihr Bundesland aus, in dem Sie Ihren Wohnsitz/Geschäftssitz haben.

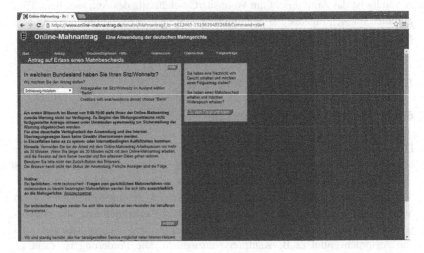

Dann klicken Sie auf „weiter".

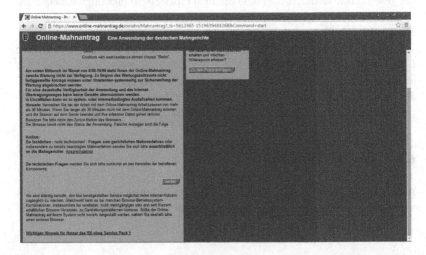

Im nächsten Schritt können Sie die Versandart Ihres Antrages an das zuständige Mahngericht wählen.

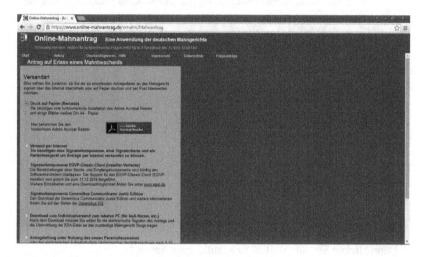

Dann klicken Sie auf „weiter".

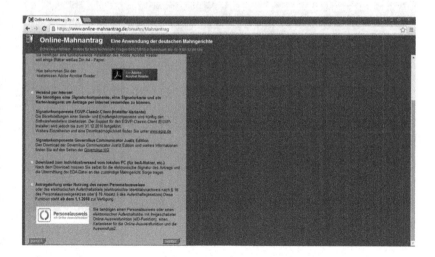

Im nächsten Schritt erhalten Sie einen Überblick über die Aufteilung des Antrages auf den Erlass eines Mahnbescheides.

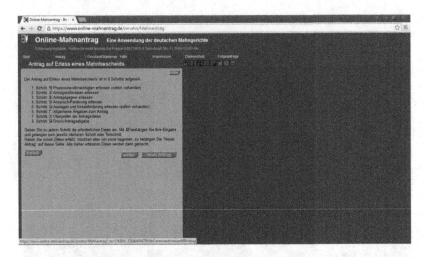

Dann klicken Sie auf „weiter" bzw. auf „neuer Antrag".

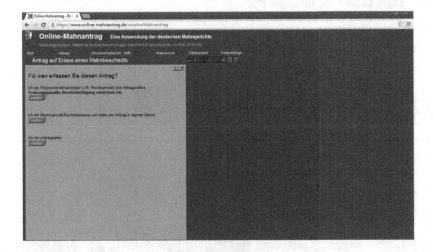

Wenn Sie den Antrag in eigener Sache stellen, dann klicken Sie unter „ich bin Antragsteller" auf „weiter".

Im Folgenden werden Sie Schritt für Schritt durch die einzelnen Eingabe-masken geführt. Die „Hilfe-Option" jeder Eingabemaske leitet Sie bei Unklar-heiten zielgerichtet weiter.

6.4.3   Antrag einreichen

Der ausgefüllte und unterschriebene Antrag ist nun beim zuständigen Amtsgericht – ausschließliche Zuständigkeit – einzureichen.

Schleswig-Holstein

Postalische Anschrift
Amtsgericht Schleswig
- Zentrales Mahngericht -
Postfach 1170
24821 Schleswig

Hausanschrift
Amtsgericht Schleswig
- Zentrales Mahngericht -
Lollfuß 78
24837 Schleswig

Hamburg und Mecklenburg-Vorpommern

Postalische Anschrift
Amtsgericht Hamburg-Altona
- gemeinsames Mahngericht der Länder
Hamburg und Mecklenburg-Vorpommern -
22747 Hamburg

Hausanschrift
Amtsgericht Hamburg-Altona
- gemeinsames Mahngericht der Länder
Hamburg und Mecklenburg-Vorpommern -
Max-Brauer-Allee 89
22765 Hamburg

Weitere Mahngerichte finden Sie unter folgendem Link:
https://www.mahngerichte.de/de/mahngerichte.html

6.4.4   Exkurs: Instanzenzug im Zivilrecht

Im Folgenden soll ein kurzer schematischer Überblick über das sogenannte normale (das ordentliche oder streitige) Gerichtsverfahren gegeben werden. Die Zuständigkeit des jeweiligen Gerichtes ist abhängig vom sogenannten Streitwert. Der Streitwert ist der Wert des Streitgegenstandes.

▶   **Nota bene**
   Damit unterscheidet sich das ordentliche Gerichtsverfahren (streitwertabhängig) von dem gerichtlichen Mahnverfahren.
   Es gibt grundsätzlich mehrere Instanzen und nicht etwa eine ausschließliche Zuständigkeit des Amtsgerichtes.

Einstiegsinstanz Amtsgericht

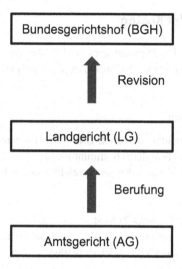

Das Amtsgericht ist sachlich bis zu einem Streitwert von 500,000 EUR zuständig.

Einstiegsinstanz Landgericht

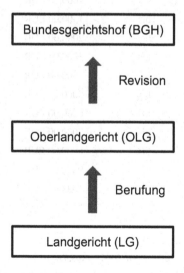

Das Landgericht ist sachlich ab einem Streitwert von 500,001 EUR zuständig.

6.5   Ablauf des gerichtlichen Mahnverfahrens

6.5.1   Zahlung der Kosten

Mit der Bearbeitung des Mahnantrages fordert das Amtsgericht beim Antragsteller die Kosten an. Die Gerichtskosten ergeben sich aus § 12 Gerichtskostengesetz (GKG).

§ 3 Höhe der Kosten

1. Die Gebühren richten sich nach dem Wert des Streitgegenstandes (Streitwert), soweit nichts anderes bestimmt ist.
2. Kosten werden nach dem Kostenverzeichnis der Anlage 1 zu diesem Gesetz erhoben[5].

Aus Anlage 1 (zu § 3 Absatz 2) Kostenverzeichnis Nr. 1100 in Verbindung mit § 34 Absatz 1 GKG ergibt sich, dass die Gebühr, die sich nach dem Streitwert richtet, mindestens jedoch 32,00 EUR, beträgt.

Streitwert			Gerichtskosten
0,00 EUR	bis	1000,00 EUR	32,00 EUR[a]
1000,01 EUR	bis	1500,00 EUR	35,50 EUR
1500,01 EUR	bis	2000,00 EUR	44,50 EUR
2000,01 EUR	bis	3000,00 EUR	54,00 EUR
3000,01 EUR	bis	4000,00 EUR	63,50 EUR
4000,01 EUR	bis	5000,00 EUR	73,00 EUR
5000,01 EUR	bis	6000,00 EUR	82,50 EUR
6000,01 EUR	bis	7000,00 EUR	92,00 EUR
7000,01 EUR	bis	8000,00 EUR	101,50 EUR
8000,01 EUR	bis	9000,00 EUR	111,00 EUR
9000,01 EUR	bis	10.000,00 EUR	120,50 EUR

---

[5]Gerichtskostengesetz vom 01.07.2004 <https://www.gesetze-im-internet.de/gkg_2004/GKG.pdf> am 10.03.2020.

Streitwert			Gerichtskosten
10.000,01 EUR	bis	13.000,00 EUR	133,50 EUR
13.000,01 EUR	bis	16.000,00 EUR	146,50 EUR
16.000,01 EUR	bis	19.000,00 EUR	159,50 EUR
19.000,01 EUR	bis	22.000,00 EUR	172,50 EUR
22.000,00 EUR	bis	25.000,00 EUR	185,50 EUR
25.000,01 EUR	bis	30.000,00 EUR	203,00 EUR
30.000,01 EUR	bis	35.000,00 EUR	220,50 EUR
35.000,01 EUR	bis	40.000,00 EUR	238,00 EUR
40.000,01 EUR	bis	45.000,00 EUR	255,50 EUR
45.000,01 EUR	bis	50.000,00 EUR	273,00 EUR
50.000,01 EUR	bis	65.000,00 EUR	333,00 EUR
65.000,01 EUR	bis	80.000,00 EUR	393,00 EUR
80.000,01 EUR	bis	95.000,00 EUR	453,00 EUR
95.000,01 EUR	bis	110.000,00 EUR	513,00 EUR[b]

[a]Mindestgebühr

[b]<https://www.mahnbescheide.de/kosten-gebuehren> am 10.03.2020.

Aus Anlage 2 (zu § 34 Absatz 1 Satz 3) ergeben sich weitere Streitwerte und Gebühren.

Der Schuldner trägt alle Kosten, die Ihnen durch das Mahnverfahren entstanden sind, also Rechtsanwalts- und Gerichtskosten.

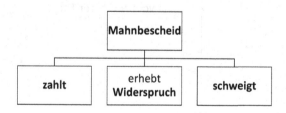

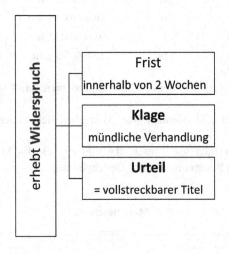

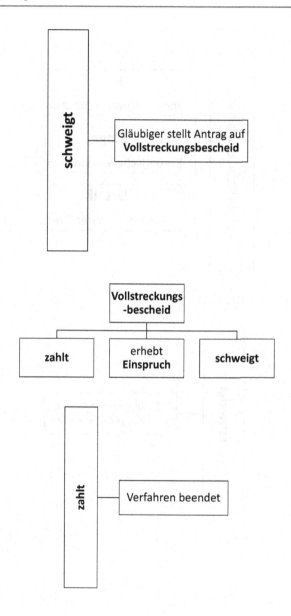

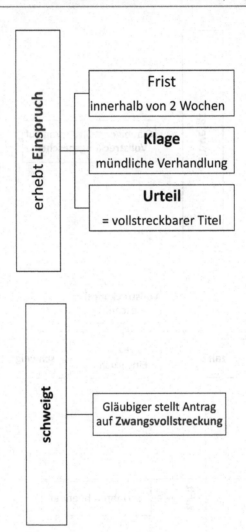

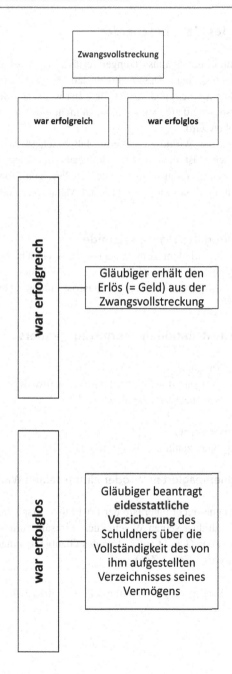

6.5.2   Erlass des Mahnbescheides

Entspricht der Antrag den Voraussetzungen, erlässt das Amtsgericht nach Geldeingang einen Mahnbescheid. Dieser enthält den Hinweis, dass das Gericht die Anspruchsberechtigung nicht geprüft hat. Er weist weiter auf die Folge hin, dass ein Vollstreckungsbescheid ergehen kann, wenn nicht innerhalb von zwei Wochen Widerspruch erhoben wird.

Die psychologische Wirkung, die ein Mahnbescheid hat, der von einem Gericht erlassen wird, ist nicht zu unterschätzen. In vielen Fällen gelingt es auf diese Weise, den Schuldner zum Zahlen zu bewegen. Vom Einreichen des Formulares bis zum Erlass eines gerichtlichen Mahnbescheides kann es bis zu zwei Wochen dauern.

6.5.2.1 Zustellung des Mahnbescheides

Der Mahnbescheid wird dem Antragsgegner vom Gericht automatisch („von Amts wegen") zugestellt, § 693 ZPO. Mit dem Zeitpunkt der Zustellung des Mahnbescheides wird die laufende Verjährungsfrist unterbrochen, § 204 Absatz 1 Nummer 3 BGB.

6.5.2.2 Mögliche Reaktionen des Antragsgegners

- Der Antragsgegner zahlt.
- Der Antragsgegner reagiert nicht oder nimmt seinen Widerspruch zurück.
- Der Antragsgegner erhebt Widerspruch.

Der Antragsgegner zahlt
Wenn der Antragsgegner zahlt, ist das Verfahren beendet.

Der Antragsgegner reagiert nicht oder nimmt seinen Widerspruch zurück
Legt der Antragsgegner nicht innerhalb der Frist (also verspätet) Widerspruch ein bzw. nimmt der Schuldner seinen Widerspruch wirksam zurück (§ 697 Absatz 4 Satz 1 ZPO), erlässt das Gericht auf Antrag des Gläubigers einen Vollstreckungsbescheid, § 699 Absatz 1 Satz 1 ZPO.

▶   **Nota bene:** Verzögerung des Antragstellers, § 701 ZPO

Der Antragsgegner erhebt Widerspruch gegen den Mahnbescheid, § 694 ZPO

Der Antragsgegner kann gegen den Mahnbescheid schriftlich Widerspruch einlegen, § 694 Absatz 1 ZPO. Damit geht das Mahnverfahren auf Antrag des Antragstellers in ein normales (das ordentliche oder streitige) Gerichtsverfahren über, § 696 Absatz 1 Satz 1 ZPO.

In diesem Verfahren kann sich der Antragsgegner gegen den behaupteten Anspruch sachlich zur Wehr setzen.

Form und Frist der Widerspruchserhebung

Der Widerspruch gegen den Mahnbescheid ist vom Antragsgegner *schriftlich* zu erheben. Im Interesse einer zügigen Bearbeitung empfiehlt sich hierbei die Verwendung des Widerspruchsvordruckes. Anerkannt sind aber auch die Einlegung durch Telebrief, Telefax oder Fernschreiben sowie der zu Protokoll der Geschäftsstelle des zuständigen Amtsgerichtes erklärte Widerspruch.

Eine Begründung ist nicht erforderlich. Die Widerspruchsfrist beträgt *zwei Wochen* ab der Zustellung des Mahnbescheides.

Wirkung des Widerspruches und Übergang in das Streitverfahren

Der rechtzeitig eingelegte Widerspruch verhindert die Fortsetzung des Mahnverfahrens und führt in ein normales Gerichtsverfahren, das sogenannte streitige Verfahren.

Die Überleitung in das streitige Verfahren beginnt mit der Abgabe des Rechtsstreites durch das zuständige Amtsgericht an das Gericht, das der Antragsteller in seinem Mahnantrag als das sachlich und örtlich zuständige Gericht angegeben hat.

Ordentliches Streitverfahren

Das sich an den Widerspruch anschließende Streitverfahren folgt den allgemeinen Regeln des Zivilprozesses. Die Geschäftsstelle des zuständigen Gerichtes, an das die Streitsache abgegeben wurde, fordert den Antragsteller unverzüglich auf, seinen Anspruch binnen zwei Wochen zu begründen.

Geht die Anspruchsbegründung durch den Antragsteller nicht rechtzeitig bei Gericht ein, so wird – allerdings nur auf Antrag des Antragsgegners – ein Termin zur mündlichen Verhandlung bestimmt. Dabei setzt das Gericht eine erneute Frist für die Anspruchsbegründung.

6.5.3 Erlass eines Vollstreckungsbescheides

Der Vollstreckungsbescheid steht grundsätzlich einem für vorläufig erklärten Versäumnisurteil gleich, § 700 Absatz 1 ZPO. Gegen den Vollstreckungsbescheid ist ausschließlich der Einspruch statthafter Rechtsbehelf, § 338 ZPO.

6.5.3.1 Antrag und Erlass des Vollstreckungsbescheides

Hat der Antragsgegner nicht oder nicht rechtzeitig gegen den gesamten Anspruch Widerspruch eingelegt, so erlässt das Amtsgericht auf Antrag des Gläubigers einen Vollstreckungsbescheid auf Grundlage des nicht angefochtenen Mahnbescheides (bzw. dessen nicht angefochtenem Teils).

Der Antrag muss spätestens sechs Monate nach Zustellung des Mahnbescheides gestellt werden und die Erklärung enthalten, ob und welche Zahlungen inzwischen auf den per Mahnbescheid geltend gemachten Anspruch geleistet worden sind.

Der vom Amtsgericht erlassene Vollstreckungsbescheid dient als eigenständiger und vorläufig vollstreckbarer Vollstreckungstitel. Mit ihm kann die Zwangsvollstreckung betrieben werden, §§ 700 Absatz 1, 794 Absatz 1 Nr. 4, 796 Absatz 1 ZPO.

Der Vollstreckungsbescheid wird vom Gericht automatisch („von Amts wegen") dem Antragsgegner zugestellt. Die Zustellung erfolgt an die Adresse, die im Mahnbescheid angegeben wurde.

6.5.3.2 Mögliche Reaktionen des Antragsgegners

- Der Antragsgegner zahlt.
- Der Antragsgegner reagiert nicht.
- Der Antragsgegner erhebt Einspruch.

Der Antragsgegner zahlt
Wenn der Antragsgegner zahlt, ist das Verfahren beendet.

Der Antragsgegner reagiert nicht
Legt der Antragsgegner nicht innerhalb der Frist (also verspätet) Einspruch ein, wird der Vollstreckungsbescheid rechtskräftig. Der Antragsteller kann die Zwangsvollstreckung betreiben.

Einspruch gegen den Vollstreckungsbescheid
Auch wenn der Vollstreckungsbescheid bereits erlassen wurde, hat der Antragsgegner noch die Möglichkeit, Einspruch einzulegen und damit den Übergang in das streitige Gerichtsverfahren zu erreichen.

Form und Frist des Einspruches
Der Vollstreckungsbescheid ist durch den Einspruch im Ganzen oder auch teilweise anfechtbar. Der Einspruch erfolgt *schriftlich und formlos*. Er muss den Vollstreckungsbescheid bezeichnen, gegen den er sich richtet. Der Einspruch braucht nicht begründet zu werden.

Die Einspruchsfrist beträgt *zwei Wochen* ab Zustellung des Vollstreckungsbescheides und kann nicht verlängert werden.

Wirkung des Einspruches und Übergang in das Streitverfahren
Der Einspruch gegen den Vollstreckungsbescheid leitet in das ordentliche Gerichtsverfahren über. Wird Einspruch erhoben, so ist die Sache von Amts wegen an das im Mahnbescheid genannte zuständige Gericht abzugeben.

Ordentliches Streitverfahren
Wurde Einspruch eingelegt, so hat der Antragsteller die Anspruchs- bzw. Klagebegründung nach Aufforderung des Gerichtes innerhalb von zwei Wochen vorzulegen. Unterlässt dies der Antragsteller, so muss er mit der Aufhebung des Vollstreckungsbescheides und der Abweisung der Klage als unzulässig rechnen.

6.5.4 Zwangsvollstreckung

6.5.4.1 Definition
Zwangsvollstreckung ist ein staatliches Verfahren zur Befriedigung eines Anspruches. Der Staat verhilft dem Gläubiger zu seinem Recht. Das Zwangsvollstreckungsverfahren ist in den §§ 704 ff. ZPO geregelt.

6.5.4.2 Erklärung
Sollte der Schuldner auch nach Erlass und Zustellung des Vollstreckungsbescheides nicht zahlen, so ist der Gläubiger gezwungen, Zwangsvollstreckungsmaßnahmen einzuleiten, um an sein Geld zu kommen. Die Zwangsvollstreckung beginnt mit dem *Antrag* des Gläubigers. Ein mündliches Verfahren findet nicht statt. Zuständige Organe für die Zwangsvollstreckung sind

das Prozessgericht, das Vollstreckungsgericht, der Gerichtsvollzieher sowie der Grundbuchbeamte.

In der Zwangsvollstreckung wird nicht geprüft, ob die Forderung, die der Gläubiger geltend macht (beispielsweise auf Kaufpreiszahlung), tatsächlich besteht. Die Vorlage eines Vollstreckungstitels – das ist ein Urteil oder eine vergleichbare Urkunde – über die Forderung des Gläubigers reicht aus.

6.5.4.3 Allgemeine Voraussetzungen der Zwangsvollstreckung

Für die Zwangsvollstreckung müssen folgende allgemeine Voraussetzungen vorliegen.

Antrag, §§ 753 Absatz 1, 795 Satz 1 ZPO

Als erste Voraussetzung muss der Gläubiger einen Antrag stellen. Begründet wird dieses Antragserfordernis damit, dass die Durchsetzung privater Forderungen nicht im öffentlichen Interesse liegt. Die Vollstreckungsorgane werden hoheitlich tätig. Zwischen dem Gerichtsvollzieher und dem Gläubiger besteht keine privatrechtliche Beziehung – wie beispielsweise zwischen den Parteien eines Kaufvertrages –, sondern ein öffentlich-rechtliches Verhältnis. Aus diesem Grund werden das Gericht und der Gerichtsvollzieher nur auf Antrag tätig[6].

Titel, §§ 704, 794 Absatz 1 ZPO

Die zweite Voraussetzung der Zwangsvollstreckung ist das Vorliegen eines Vollstreckungstitels. Ein Vollstreckungstitel ist eine Entscheidung oder eine beurkundete Erklärung. Aus dem Titel darf kraft Gesetzes die Zwangsvollstreckung betrieben werden. Die Vollstreckungsorgane prüfen nicht, ob die geltend gemachte Forderung tatsächlich besteht. Insofern dient der Titel als Beweis.

Klausel, §§ 724, 725, 795 Satz 1 ZPO

Die dritte Voraussetzung der Zwangsvollstreckung ist das Vorliegen einer Vollstreckungsklausel. Die Vollstreckungsklausel ist die amtliche Erklärung, die der Ausfertigung eines Urteiles beigefügt ist, dass „vorstehende Ausfertigung zum Zwecke der Zwangsvollstreckung erteilt wird". Die Vollstreckungsklausel soll

---

[6]https://justiz.de/formulare/zwi_bund/vollstreckunggerichtsvollzieher_GV6.pdf.

die Organe der Zwangsvollstreckung einer Nachprüfung der Vollstreckbarkeit des Titels entheben. Sie wird auf Antrag des Gläubigers von dem Urkundsbeamten des Gerichtes erteilt, bei dem der Prozess zuletzt anhängig war[7].

Zustellung, §§ 750 Absatz 1 Satz 1, 795 Satz 1 ZPO

Die vierte Voraussetzung der Zwangsvollstreckung ist die Zustellung des Urteiles. Das Urteil muss dem Schuldner zugestellt werden, sodass dieser rechtzeitig Einwendungen gegen die Zwangsvollstreckung vorbringen kann.

6.5.4.4 Unterschied Zwangsvollstreckung und Insolvenz

Das Zwangsvollstreckungsverfahren unterscheidet sich wesentlich vom Insolvenzverfahren nach der Insolvenzordnung (InsO).

Prioritätsprinzip in der Zwangsvollstreckung

Das Prioritätsprinzip besagt, dass das früher entstandene Recht einem später entstandenen Recht im Rang vorgeht. Mit anderen Worten: Derjenige wird zuerst befriedigt, der zuerst vollstreckt. Das hat zur Folge, dass spätere Vollstreckungsgläubiger schlechter gestellt sind, da das vollstreckungsfähige Vermögen vorrangig für die Befriedigung des Gläubigers verwendet wird, der zuerst vollstreckt hat.

Gleichmäßige Befriedigung im Insolvenzverfahren

Im Insolvenzverfahren sind grundsätzlich alle Gläubiger gleich zu behandeln. Dieser Grundsatz hat jedoch Ausnahmen. Im Insolvenzverfahren werden die einzelnen zu befriedigenden Gläubiger in verschiedene Ränge aufgeteilt.

Gläubiger mit Aussonderungsrechten, § 47 InsO

Gläubiger mit Aussonderungsrechten sind Eigentümer von bestimmten Sachen, die sich im Besitz des Schuldners befinden. Diese Sachen können dann im Insolvenzverfahren herausverlangt werden.

Gläubiger mit Absonderungsrechten, §§ 49 ff. InsO

Gläubiger mit Absonderungsrechten erhalten eine bevorzugte Befriedigung anderen Gläubigern gegenüber.

---

[7]http://wirtschaftslexikon.gabler.de/Archiv/890/vollstreckungsklausel-v7.html.

Massegläubiger, § 53 InsO
Massegläubiger können die volle Befriedigung aus der Insolvenzmasse vor allen Insolvenzgläubigern beanspruchen.

6.5.4.5 Arten der Zwangsvollstreckung
Es gibt verschiedene Arten der Zwangsvollstreckung

Zwangsvollstreckung wegen Geldforderungen

- in das bewegliche Vermögen
- in das unbewegliche Vermögen

Zwangsvollstreckung wegen anderer Forderungen

- Herausgabe und Leistung von Sachen
- Vertretbare und unvertretbare Handlungen
- Duldungen und Unterlassungen
- Abgabe einer Willenserklärung

Zwangsvollstreckung wegen Geldforderungen
Zwangsvollstreckung in das bewegliche Vermögen

Das *bewegliche Vermögen* umfasst beispielsweise

- Maschinen,
- Einrichtungsgegenstände,
- Schmuck,
- Aktien und andere Wertpapiere und
- Bargeld.

Es wird im Wege der Pfändung vollstreckt, § 803 ZPO. Zuständig für die Vollstreckung ist der Gerichtsvollzieher, der vom Gläubiger schriftlich beauftragt werden muss. Aufträge an den Gerichtsvollzieher können an die Gerichtsvollzieher-Verteilungsstelle des Amtsgerichtes gerichtet werden, in dessen Bezirk der Schuldner seinen Wohnsitz hat bzw. bei Handelsgesellschaften (beispielsweise OHG, KG, GmbH) sich der Sitz befindet.

Geldforderungen und andere Vermögenswerte sind beispielsweise

- Lohnforderungen,
- Bankkonten,
- Bausparverträge und
- Lebensversicherungen.

Zu deren Pfändung wird ein sogenannter Pfändungs- und Überweisungs-
beschluss des Vollstreckungsgerichts benötigt, §§ 829, 835 Absatz 1 ZPO. In
diesem wird dem Schuldner des Schuldners (wie beispielsweise seinem Arbeitgeber oder seiner Bank) verboten, Zahlungen an ihn zu leisten, und zugleich
die Forderung auf Auszahlung des Geldes dem Gläubiger zur Einziehung über-
wiesen. Für den Erlass eines solchen Pfändungs- und Überweisungsbeschlusses
ist das Amtsgericht zuständig, in dessen Bezirk der Schuldner seinen Wohnsitz
hat, § 828 ZPO.

Zwangsvollstreckung in das unbewegliche Vermögen

Zum unbeweglichen Vermögen gehören beispielsweise Grund- und Wohnungseigentum. Auf dieses kann man sich im Wege der Zwangsvollstreckung eine
Sicherungshypothek ins Grundbuch eintragen lassen. Dies bewirkt eine Sicherung
des Rechtes in Bezug auf die Rangstelle bei einer künftigen Zwangsversteigerung[8]. Eine solche Zwangshypothek kann nur bei Forderungen von mehr
als 750 EUR eingetragen werden. Die Eintragung erfolgt beim Grundbuchamt,
in dessen Bezirk das Grund- bzw. Wohnungseigentum geführt wird. Für die Einleitung der Zwangsverwaltung bzw. Zwangsversteigerung ist ein zusätzlicher
Antrag beim Vollstreckungsgericht erforderlich[9].

---

[8]§ 866 ZPO.
[9]http://www.frankfurt-main.ihk.de/recht/themen/verfahrensrecht/gerichtliche_mahnung/.

Was Sie aus diesem *essential* mitnehmen können

- Hinweise für ein gutes Forderungsmanagement, eine effektive Bonitätsprüfung und eine vorteilhafte Vertragsgestaltung
- Anregungen, wie Sie einer (mutmaßlichen) mangelnden Zahlungsmoral Ihrer Kunden wirksam entgegentreten können
- Praktische Informationen zu den unterschiedlichen Mahnverfahren und Vollstreckungsmaßnahmen

© Springer Fachmedien Wiesbaden GmbH, ein Teil von Springer Nature 2020   61
U. H. Dammann, *Effizientes Forderungsmanagement,* essentials,
https://doi.org/10.1007/978-3-658-30182-8

Literatur

Digitaldruck

Rosche, A. (2005). *Was tun, wenn der Kunde nicht zahlt?, Forderungen durchsetzen – mit einem konsequenten Mahnwesen.* Bonn: Verlag interner GmbH.

Lehrbuch

Brox, H., & Walker, W.-D. (2016). *Besonderes Schuldrecht* (40. Aufl.). München: Beck.

Kommentar

Jacoby, F., & von Hinden, M. (2015). *Bürgerliches Gesetzbuch – Studienkommentar* (15. Aufl.). München: Beck.
Palandt. (2015). *Bürgerliches Gesetzbuch, Kommentar* (74. Aufl.). München: Beck.

Internetquellen

ABIT GmbH. Robert-Bosch-Str. 1, 40668 Meerbusch. https://www.online-mahnantrag.de. Zugegriffen: 10. März 2020.
Bibliographisches Institut GmbH. Dudenverlag, Mecklenburgische Straße 53, 14197 Berlin. https://www.duden.de/suchen/dudenonline. Zugegriffen: 10. März 2020.
Das Bürgerliche Gesetzbuch Bundesrepublik Deutschland, vertreten durch das Bundesministerium der Justiz und für Verbraucherschutz, vertreten durch den Bundesminister der Justiz und für Verbraucherschutz Mohrenstraße 37 10117 Berlin. https://www.gesetze-im-internet.de/bgb/BGB.pdf. Zugegriffen: 10. März 2020.

© Springer Fachmedien Wiesbaden GmbH, ein Teil von Springer Nature 2020
U. H. Dammann, *Effizientes Forderungsmanagement,* essentials,
https://doi.org/10.1007/978-3-658-30182-8

Das Gerichtskostengesetz Bundesrepublik Deutschland, vertreten durch das Bundesministerium der Justiz und für Verbraucherschutz, vertreten durch den Bundesminister der Justiz und für Verbraucherschutz Mohrenstraße 37 10117 Berlin. https://www.gesetze-im-internet.de/gkg_2004/GKG.pdf. Zugegriffen: 10. März 2020.

Das Handelsgesetzbuch Bundesrepublik Deutschland, vertreten durch das Bundesministerium der Justiz und für Verbraucherschutz, vertreten durch den Bundesminister der Justiz und für Verbraucherschutz Mohrenstraße 37 10117 Berlin. https://www.gesetze-im-internet.de/hgb/HGB.pdf. Zugegriffen: 10. März 2020.

Das Umsatzsteuergesetz Bundesrepublik Deutschland, vertreten durch das Bundesministerium der Justiz und für Verbraucherschutz, vertreten durch den Bundesminister der Justiz und für Verbraucherschutz Mohrenstraße 37 10117 Berlin. https://www.gesetze-im-internet.de/ustg_1980/UStG.pdf. Zugegriffen: 10. März 2020.

Deutsche Bundesbank. Postfach 10 06 02, 60006 Frankfurt a. M. https://www.bundesbank.de/Redaktion/DE/Pressemitteilungen/BBK/2017/2017_12_19_anpassung_basiszinssatz.html. Zugegriffen: 10. März 2020.

Die Insolvenzordnung Bundesrepublik Deutschland, vertreten durch das Bundesministerium der Justiz und für Verbraucherschutz, vertreten durch den Bundesminister der Justiz und für Verbraucherschutz Mohrenstraße 37 10117 Berlin. https://www.gesetze-im-internet.de/inso/InsO.pdf. Zugegriffen: 10. März 2020.

Die Zivilprozessordnung Bundesrepublik Deutschland, vertreten durch das Bundesministerium der Justiz und für Verbraucherschutz, vertreten durch den Bundesminister der Justiz und für Verbraucherschutz Mohrenstraße 37 10117 Berlin. https://www.gesetze-im-internet.de/zpo/ZPO.pdf. Zugegriffen: 10. März 2020.

Printed in the United States
By Bookmasters